LE CAPITALISME NÉOLIBÉRAL

Comment fonctionne-t-il ?
Et comment le combattre ?

D/2021/4910/25 ISBN : 978-2-8061-0587-5

Grand'Place, 29
B-1348 Louvain-la-Neuve

www.editions-academia.be

Guy Bajoit

LE CAPITALISME NÉOLIBÉRAL

Comment fonctionne-t-il ?
Et comment le combattre ?

Préface de Riccardo Petrella

Je remercie pour leurs bons conseils
mes collègues qui ont bien voulu lire et
critiquer les idées proposées dans ces pages ;
en particulier Omar Aktouf, Philippe
De Leener, Michel Gevers, Paul Löwenthal,
Michel Molitor et Riccardo Petrella.

Je remercie aussi Alain Adriaens,
Jean-Claude Garot et Karine Watelet
d'avoir accueilli, sur le site du journal
POUR, *une version provisoire*
des chapitres de ce livre.

Préface

Est-il possible de libérer la vie des habitants de la Terre de la domination capitaliste mondiale ?

RICCARDO PETRELLA
PROFESSEUR EMERITE DE L'UCL

Nous assistons depuis les années 1970 à une nouvelle histoire de colonisation du monde à l'échelle planétaire, marquée par une *colonisation de la vie* dans toutes ses formes (de la vie des humains à celle des autres espèces vivantes de la Terre), par des groupes sociaux dominants, principalement au sein des sociétés dites occidentales et occidentalisées. En réalité, ces groupes se sont multipliés aussi en dehors du « monde occidentalisé », notamment en Russie, en Chine, en Inde, en Indonésie, au Nigeria… Ils ont réussi à y imposer la globalisation technologique et financière de l'économie, en obligeant ces pays à adopter les règles et les mécanismes de fonctionnement de l'économie capitaliste dominante, celle que Guy Bajoit, avec d'autres dans le monde, appelle *« le capitalisme néolibéral mondial »*.

Le système capitaliste n'a pas substantiellement changé, mais il a réussi une mutation importante grâce, entre autres, à une exploitation en sa faveur des bouleversements technoscientifiques qui ont modifié les imaginaires et les vécus des rapports entre les êtres humains et les mondes de l'énergie, du vivant, de l'information, de la communication… Tout en devenant « plus puissant » aux yeux de la population mondiale, le capitalisme n'est pas devenu pour autant plus acceptable. Les protestations des groupes sociaux dominés et pénalisés (les paysans, les ouvriers, les femmes, les jeunes, les sans-travail...) et les révoltes des peuples à travers le monde sont nombreuses et récurrentes, car les effets dévastateurs du système sur la vie sont même devenus plus graves, plus étendus et systémiques.

Le livre de Guy Bajoit vise délibérément à répondre à la question : *comment rendre efficaces les luttes sociales contre le nouveau capitalisme néolibéral mondial ?*

Un engagement pour contribuer à construire un autre devenir

L'auteur affiche clairement son objectif. Le *citoyen* Bajoit se propose de contribuer, *en tant que sociologue,* au travail d'analyse et de compréhension des changements intervenus au cours des cinquante dernières années au niveau du système capitaliste, qu'il appelle « du troisième âge ». La première génération aurait été celle du capitalisme libéral national (au XIXe siècle). La deuxième, celle du capitalisme national protectionniste (après la crise de 1929 et la Seconde Guerre mondiale). Et la génération actuelle (à partir des années 1970), celle du capitalisme néolibéral mondial.

Une fois réalisé le travail d'analyste *(comprendre)*, le sociologue continue, dans la deuxième partie du livre, son travail au service du citoyen : c'est *en tant que citoyen* que l'auteur avance dans l'identification des objectifs, des choix et des modalités de lutte contre le système *(agir)*, dans la double perspective de résistance et d'alternative. *Dédoublement, troublant et fragile, de la personne de l'auteur ?* Je ne le pense pas. Les deux rôles sont clairement définis et distincts mais ils ne sont pas, par définition, opposés, contradictoires, conflictuels. Ce qui varie est la manière de voir les phénomènes à partir de points d'observation différents. L'unité de l'auteur exerçant les deux rôles reste intacte. Guy Bajoit a réussi à maintenir le respect d'un critère fondamental : l'honnêteté et la cohérence de chaque manière de voir. Il n'a pas mélangé, mais intégré dans la démarche volontariste du citoyen, créateur d'utopies, la démarche du sociologue, fondée sur l'explication du sens donné aux mots et aux concepts utilisés et sur leur validation empirique. D'où l'importance du *glossaire* que le lecteur trouvera en appendice de l'ouvrage. En outre, l'auteur n'en est pas non plus à son premier exercice, comme en témoignent ses livres précédents.

Ainsi, l'ouvrage est structuré en deux parties : la première est dédiée à la compréhension et à la prise de conscience claire des problèmes que soulève le capitalisme actuel ; la deuxième s'applique à définir les enjeux stratégiques d'action pour libérer nos sociétés de la domination du capitalisme néolibéral mondial et de ses multiples conséquences néfastes pour la vie.

Ce sont bien là les vertiges du sociologue : donner aux gens des outils pour mieux comprendre la société, au-delà des expériences directes, individuelles et de groupes, et pour les aider à la rendre meilleure.

Face à la grande variété des situations, des évolutions, des processus et des changements s'entrecroisant dans le temps et à travers les territoires, le sociologue risque de perdre la boussole, de s'y perdre. Bajoit y a échappé en donnant systématiquement la définition du sens des concepts utilisés et en faisant des synthèses tranchantes sans perte de crédibilité. Il n'est pas non plus tombé prisonnier de l'immense variété des expériences concrètes. Je crois que ses efforts ont donné des résultats importants, ce qui ne signifie pas qu'ils soient entièrement et nécessairement partagés.

Parmi les principaux éléments du changement qui, au niveau des relations sociales, caractérisent le capitalisme néolibéral mondial selon Guy Bajoit, retenons surtout ce qui suit.

Loin d'avoir disparu, *les classes sociales* sont restées déterminantes. Cependant, leurs bases sociales ont subi des modifications, des recompositions, avec des effets sur la configuration des acteurs, leurs fonctions, leurs intérêts, leurs modes et moyens d'action. Ainsi, aujourd'hui, dans un contexte où les relations sociales sont de plus en plus diversifiées, denses, interdépendantes et inégales car davantage façonnées par les savoirs et les technologies, et donc complexes, d'accessibilité réduite au plus grand nombre, il y a toujours *une différence structurelle considérable entre les deux classes (productrice et gestionnaire).* Cette différence correspond à la différence entre la classe dominée et la classe dominante.

Cependant, ce qui compte davantage de nos jours ce n'est plus la production des biens et des services *mais leur vente et leur consommation. La plus-value extraite de la production fait partie du bénéfice commercial ou financier,* mais l'extraction est plus importante au niveau de la chaîne totale de la valeur des biens et des services échangés, vendus. Si je peux ajouter un petit commentaire, la forme extrême de ce changement clé, à mon avis, est représentée par les contrats à terme tels que ces produits financiers dérivés spéculatifs, selon lequel un bien, par exemple le pétrole, le blé..., peut être acheté et vendu plusieurs fois en une journée, voire en une heure, et engendrer des profits sans que le bien ait été matériellement produit ou déplacé d'un lieu à un autre ; il suffit qu'il change de propriétaire.

Les classes productrices comme la classe des travailleurs, des paysans, des employés, ont cédé le pas à *la classe des consommateurs* : ceux et celles qui sont obligés de travailler selon les règles et les contraintes imposées par la classe gestionnaire néolibérale, non pas pour produire les biens et les services dont ils ont besoin pour leur survie (comme ce fut le cas des classes productrices d'antan), mais *pour acquérir un pouvoir d'achat, indispensable pour accéder aux biens et aux services que la classe gestionnaire de l'économie dominante leur « impose », par la publicité et par la puissance de sa capacité de manipulation (pensons aux produits et services des entreprises mondiales GAFAM), en tant que condition nécessaire et indispensable pour exister socialement, pour « être »*. Une vieille personne disposant d'une très petite pension ne vaut plus rien, car non seulement elle ne travaille plus mais elle ne consomme pas : elle n'existe pas. Le « pouvoir d'achat » est devenu l'élément définissant l'identité des personnes, des groupes et des communautés humaines et, comme tel, un facteur majeur de discrimination dans le cadre des relations sociales de puissance, de pouvoir, d'influence et de légitimité.

Dès lors, *la grève des travailleurs* ne fait plus peur à la classe gestionnaire. Les employeurs peuvent disposer d'une force de travail énorme à travers le monde, disponible à bas prix et prête à travailler dans des conditions très éloignées de celles qui, en principe, devraient être garanties par l'État de droit et par l'État du *welfare*, l'un et l'autre, par ailleurs, étant tombés partout en désuétude. Ce qui explique aussi la diminution considérable du pouvoir des syndicats ouvriers, et ce pas seulement dans les pays dits « développés ».

Il en va autrement, selon notre auteur, des *grèves des consommateurs*. Le boycottage des banques et des entreprises – impliquées dans le commerce (il)légal des armes et de la drogue, ou dans l'utilisation des produits chimiques toxiques et nuisibles à la santé et à l'environnement, ou encore, dans le travail des enfants soumis à des conditions de travail esclavagistes, etc. – préoccupe très sérieusement les gestionnaires. Les industries chimiques, minières ou du pétrole et agroalimentaires en savent quelque chose. Selon l'analyse de Bajoit, ce denier constat revêt une importance majeure, en ce qui concerne les priorités stratégiques des luttes contre le capitalisme néolibéral mondial. Nous y reviendrons.

« Cette mutation du capitalisme a eu pour conséquence que la vieille classe bourgeoise du capitalisme industriel national (les propriétaires privés de moyens de production) a perdu une grande partie de sa puissance. C*e qui est devenu stratégique* aujourd'hui pour faire partie de la classe gestionnaire néolibérale, ce n'est plus d'être propriétaire privé de moyens de production (même si ce n'est évidemment pas inutile) », mais d'être *marchands de biens et de services et prêteurs d'argent* (l'ensemble de l'économie financière, incluse dans la zone grise entre légalité et illégalité, comme le recyclage d'argent produit par l'évasion fiscale, le commerce des armes, le trafic de drogue…)

Un autre changement significatif intervenu d'après notre auteur au niveau de la classe gestionnaire, c'est l'abandon de la vision d'un l'État « protecteur » – responsable de la sécurité et du bien-être de la « communauté nationale » –, au profit d'une approche internationaliste. Elle est devenue essentiellement *« une classe compétitiviste »*, c'est-à-dire entièrement partisane de l'ouverture (libéralisation et dérégulation, marchandisation et privatisation) des sociétés humaines à la concurrence économique, sur base de la puissance technologique et financière, au service de la conquête des marchés, notamment des marchés de consommation.

L'idéologie du *compétitivisme* se nourrit d'une série de conceptions et d'impératifs guerriers, militaires : rivalité systémique, survie, conquête, attaque, adversaires, supériorité, suprématie, agressivité, hégémonie, si bien que la compétitivité économique est devenue une composante déterminante de la stratégie militaire et de la sécurité « nationale » des classes gestionnaires des pays les plus puissants. L'identification, que ces classes font entre sécurité économique de leurs intérêts et sécurité militaire du pays, est source de mystifications et de choix dangereux. Et ce, non seulement en ce qui concerne le caractère réel « néolibéral » et « mondial » de la phase actuelle du capitalisme, mais surtout, concernant les droits universels à la vie et le devenir de l'humanité en tant que telle.

En outre, l'identité donnée par le compétitivisme est particulièrement riche de négativité : être compétitif, au sommet de l'indice mondial de la compétitivité, en tant qu'entreprise, ville, région, pays, signifie avoir fait la preuve d'être le meilleur, le plus efficace, le plus rentable, le plus innovant, le plus audacieux, donc le plus confiant dans le futur, celui qui mérite le pouvoir et justifie sa domination. Faute de compétitivité, la classe gestionnaire néolibérale, dont les membres se détruisent entre eux, court le risque de disparaître, d'être remplacée ! Tout cela a poussé l'auteur du livre à estimer, *à juste titre*, que l'actuelle classe gestionnaire est encore plus individualiste, injuste, anti-égalitaire et non solidaire que les précédentes.

La simplicité et les certitudes du citoyen.

Face à la variété et aux turbulences des mutations et des constats, le citoyen Guy Bajoit semble plus calme, plus posé, ce qui ne signifie pas, toutefois, sans questionnements et sans soucis réels. Il part de trois conclusions et il aboutit à deux propositions pour l'action.

Les trois conclusions

Première conclusion : Puisque l'utopie est un projet qui ne peut être réalisé pleinement ou dont la réalisation n'est jamais définitive, Bajoit est favorable à *l'eutopie*. La différence entre l'utopie et l'eutopie – entre un lieu qui n'existe pas (*u-topos*) et un lieu heureux (*eu-topos*) – est que la première propose une finalité irréaliste et totalement inaccessible, tandis que la seconde propose une finalité qui même si elle est très difficile à atteindre, peut cependant être approchée, pas à pas, par des mesures concrètes, qui sont cependant toujours provisoires et imparfaites. Cette différence est, à son avis, une conséquence de la logique des quatre formes fondamentales d'échanges sociaux : la collaboration, le conflit, la compétition et la contradiction (voir le glossaire). *« Ces quatre formes sont toujours présentes à doses variables, dans n'importe quel type de relations sociales (…). Or, ce que voudrait l'utopie de la* *gauche, c'est justement supprimer toute forme de domination dans toute relation sociale (entre les classes, les genres, les âges, les races, les statuts sociaux, etc.).(...) L'expérience montre que seule l'action solidaire et conflictuelle des dominés contre les dominants peut arrêter la domination dans les relations sociales et permettre de réaliser des eutopies.* »

Deuxième conclusion : « *Prétendre supprimer la classe gestionnaire est un objectif forcément voué à l'échec : on ne pourra, de toute façon, que la remplacer par une autre. Quel que soit le "mode de production" en place, ce qui importe, c'est que la classe productrice (aujourd'hui la classe des consommateurs) ait la force de contraindre la classe compétitiviste à être dirigeante.* » Reprenant une thèse d'Alain Touraine, une *« gestion dominante »* désigne un usage de la plus-value au service des intérêts privés de la classe gestionnaire (exploiter au maximum le travail, ne pas payer d'impôts et ne rien redistribuer par des politiques sociales et publiques...), alors qu'une *gestion dirigeante* » consiste à faire l'inverse et mettre la plus-value au service de l'intérêt général, donc du bien-être de tous.

Troisième conclusion : parmi les *quatre tendances entre lesquelles* se sont divisés ceux qui se sont engagés dans les luttes sociales et politiques contre le capitalisme d'hier – le *socialisme utopique,* le *syndicalisme revendicatif,* l'*autogestion* et la *révolution politique* –, seules la deuxième et la troisième ont fait preuve d'efficacité, ont été capables d'opposer une résistance au capitalisme et d'ouvrir des chemins alternatifs.

Les deux propositions d'ensemble pour l'action

La première proposition concerne la création, dans chaque pays, d'un *un mouvement social civique* de lutte pour imposer à la classe compétitiviste le respect de *huit enjeux majeurs* :

a- exiger des États nationaux qu'ils se mettent d'accord entre eux pour *réguler la compétition (par des dispositions légales)* entre les grandes entreprises commerciales et financières : l'État doit réguler l'économie ;

b- contraindre la classe compétitiviste à respecter vraiment *l'environnement* ;

c- l'obliger à contribuer au *financement des États nationaux,* par la lutte contre la fraude et l'évasion fiscale ;

d- la contraindre à respecter *les consommateurs ;*

e- l'obliger à respecter *les travailleurs* contre la lente régression des droits acquis par le mouvement ouvrier ;

f- l'empêcher de privatiser les *« biens communs »,* car ils doivent rester accessibles pour tout le monde à des prix raisonnables ;

g- l'empêcher de pratiquer l'impérialisme envers *les pays du Sud* de la planète ;

h- l'obliger à respecter vraiment *les droits humains* (en particulier les droits à l'éducation, à la santé, à la sécurité et à la non-discrimination des genres, des cultures, des races).

La seconde proposition porte sur la *promotion d'une eutopie mondiale : le bien commun de l'humanité,* un vaste programme d'initiatives axées sur la mise en œuvre d'un nouveau contrat social mondial.

Néanmoins, la manière dont l'auteur a traité de cette question m'a laissé sur ma faim. Elle soulève, me semble-t-il, une question essentielle, non résolue, et qui invite à poursuivre plus avant la réflexion : *Quid de la propriété ?*

Où sont les toutes puissantes entreprises multinationales mondiales, les Big Pharma et les GAFAM, dont la capitalisation boursière, forme avancée de propriété du capital financier mondial, est considérée par la classe gestionnaire dominante comme l'indicateur paradigmatique le plus concret et le plus fort du capitalisme actuel ? Pourquoi Guy Bajoit n'en parle-t-il pas, sauf par une fugace référence au fait qu'être propriétaire peut être utile mais pas déterminant, acceptant ainsi, entre autres conséquences, que les biens communs n'impliquent pas nécessairement leur propriété (et responsabilité) commune publique ? Peut-on imaginer la concrétisation réelle des droits humains universels et une justice sociale globale sans biens communs publics mondiaux ? Par exemple, comment réaliser le droit universel à la santé si les médicaments (notamment les vaccins) sont soumis au droit privé de propriété intellectuelle (à savoir, si ce sont des brevets privés à but lucratif sur le vivant) ? La propriété publique mondiale des biens et services essentiels pour la vie de tous les habitants de la Terre est fondamentale.

Riccardo Petrella
Janvier 2021

Introduction

Pour que les lecteurs sachent *à quoi et à qui* s'en tenir, il n'est sans doute pas inutile d'expliciter d'abord les motivations et la démarche qu'ils trouveront dans ce livre. Depuis plus de cinquante ans, je suis sociologue[1] et je fais mon possible pour être un citoyen de gauche[2]. Ces deux caractéristiques disent à la fois quelles sont mes modestes compétences, mais aussi quelles sont mes limites. Car, en effet, concilier la pratique sociologique avec l'engagement sociopolitique n'est pas chose facile. En tant que sociologue, je n'ai pas à porter de jugement de valeur sur ce que font les acteurs sociaux*[3]: je dois me contenter d'observer, d'analyser, de comprendre leurs conduites, de publier des articles et des livres pour diffuser les résultats de mes recherches. En tant que citoyen engagé à gauche, au contraire, je dois « prendre parti », savoir de quel bord je suis, avec quels acteurs je veux (et avec lesquels je ne veux pas) travailler, et leur dire ce que je crois qu'ils devraient faire pour être plus efficaces dans leurs luttes. Ces deux activités sont, en principe, incompatibles.

---

[1] J'ai été, jusqu'à soixante-cinq ans en 2002, professeur de sociologie à l'Université catholique de Louvain, et plus précisément, à la FOPES (Faculté Ouverte de Politique Économique et Sociale), à l'Institut des Sciences politiques et sociales (Unité de sociologie et d'anthropologie), et à l'Institut d'étude du développement.

[2] Comme beaucoup d'autres, j'ai été communiste, puis socialiste, puis écologiste. Ensuite, j'ai cherché mon chemin dans une gauche discréditée, désorientée, c'est-à-dire qui ne sait plus ce qu'elle est, ni où elle va (ce qui explique aussi pourquoi j'ai écrit ce livre).

[3] L'astérisque renvoie les lecteurs non-initiés à *un glossaire que* j'ai placé en annexe pour les aider à mieux comprendre les analyses que je propose.

Pour essayer néanmoins de concilier les deux, j'ai adopté la position suivante : *j'essaie de travailler avec des acteurs qui me semblent mener leurs luttes contre toutes les formes de domination sociale de la manière dont la sociologie m'a fait comprendre qu'il fallait les mener.* Je me suis donc efforcé durant ma carrière, au moins chaque fois que c'était possible – et ce ne le fut pas toujours, notamment pour une question d'organisation et de financement de la recherche –, de choisir les acteurs avec lesquels j'ai travaillé et de les impliquer dans le processus d'investigation. Je suis, en effet, absolument convaincu que les sociologues peuvent aider les acteurs dominés à orienter plus efficacement leurs combats contre la domination et à être plus efficaces ; mais cela n'est possible qu'à la condition (fondamentale) *qu'ils travaillent ensemble*, apportent chacun leur savoir et leur expérience à l'analyse et à l'orientation des luttes sociales et politiques. C'est là le sens que j'ai voulu donner à ce livre. Il s'adresse à tous ceux qui sont en colère contre la manière dont est géré le monde d'aujourd'hui, contre le capitalisme néolibéral et ses effets néfastes sur les travailleurs, sur les consommateurs, sur l'environnement, sur les États nationaux, et qui résistent ou cherchent des alternatives pour construire un monde meilleur.

Cependant, cela ne résout pas tout le problème de l'engagement social du sociologue, et ce, pour deux raisons. La première est que la sociologie n'est pas « une science exacte ». En effet, les êtres humains ne sont pas des objets, mais des *sujets**, dotés de conscience : donc, ils ne sont jamais complètement déterminés et, par conséquent, leurs conduites ne sont jamais totalement prévisibles.[4] La seconde raison est que, même si ce n'est pas une

---

[4] Je prends toujours l'exemple de l'ébullition de l'eau. Le physicien sait avec certitude que : si ceci est de l'eau pure (H^2O et rien d'autre), soumise à une pression d'une atmosphère et qu'elle est portée à cent degrés, *alors, toujours, elle bout !* Ces trois conditions sont *nécessaires* (si l'une manque, elle ne bout pas) et *suffisantes* (que je sache, on n'en connaît pas de quatrième). Le

science exacte, la sociologie est néanmoins une science. Or, toute science est construite sur des concepts. Un concept n'est jamais un mot comme les autres : c'est un mot... rigoureux ! Chaque concept est employé dans un sens précis et *parfois différent de celui que lui donne le sens commun.* Dès lors, si les lecteurs ne connaissent pas le sens que la sociologie donne aux mots que j'emploie, il se peut qu'ils ne comprennent pas vraiment ce que je veux leur dire et ils risquent alors de se décourager, de jeter mon livre par la fenêtre et de retourner à leurs activités habituelles ! Ce qui est évidemment l'inverse du but que je poursuis. Cet obstacle est sans doute le plus difficile à surmonter. En effet, pour comprendre, *il ne suffit pas de lire* : il faut *apprendre* les concepts, donc, il faut les *étudier,* les *retenir,* y *réfléchir,* les *critiquer*, et cela demande au lecteur un effort considérable, qu'il n'est pas forcément disposé à faire.[5] Et ceux pour qui j'écris n'ont, bien entendu, aucune raison d'être des sociologues !

---

sociologue ne peut jamais en dire autant de « l'ébullition » d'une catégorie quelconque d'individus. Il dira : si telles et telles conditions sont réunies (voir le chapitre X : j'en ai compté 18 !), *alors, il est probable que cette catégorie sociale se révoltera !* Chaque condition ajoute à la probabilité de survenance d'une action collective, mais *sans jamais la déterminer* : d'une part, certaines conditions ne sont pas toujours nécessaires et, d'autre part, même si elles sont toutes réunies, elles ne sont pas toujours suffisantes.

[5] Autrement dit – et je le dis avec tout le respect que j'ai pour eux –, les militants qui ne sont pas disposés ou n'ont pas le temps ou l'envie de faire cet effort, auront sans doute un peu de mal à tirer profit de mes analyses ! Je peux très bien comprendre cela. D'ailleurs, s'il est vrai que la sociologie peut être très utile à l'acteur, *elle ne lui est cependant pas indispensable* : il y a eu des mouvements sociaux et politiques depuis la nuit des temps, bien avant qu'il y ait des sociologues, et les acteurs ont changé les sociétés sans eux (même si ce fut parfois à des prix exorbitants). Mais, en même temps, il me paraît impossible de formuler mes analyses autrement qu'avec des concepts sociologiques, et je pense même que ce serait malhonnête : une analyse trop simplifiée, le plus souvent, est fausse. Les militants qui souhaitent continuer à lire, quitte à se casser un peu la tête, n'auront qu'à consulter le glossaire mis

La démarche proposée ici obéit à *un ordre logique* : pour essayer de changer quelque chose à une réalité (quelle qu'elle soit), il faut d'abord comprendre *comment elle fonctionne* (c'est-à-dire, comment elle produit ses effets et se reproduit dans le temps). Et pour savoir « comment ça marche », il faut « démonter la machine ».[6] Une fois qu'on a compris comment elle fonctionne, on peut la remonter et chercher à agir sur elle pour la faire fonctionner autrement. Le lecteur trouvera donc ci-après deux parties : la première a pour titre *Comment fonctionne le capitalisme néolibéral ?* (chapitres I à VII) ; et la deuxième *Comment combattre les effets néfastes du capitalisme néolibéral ?* (chapitres VIII à XII) ; la conclusion est consacrée à une *synthèse* intitulée : « *Être de gauche au XXI*e *siècle* ».

en annexe (voir les concepts suivis d'un astérisque : *), et la bibliographie (même si elle est assez sommaire).

[6] J'aime les métaphores : ici, c'est celle du gamin qui tient en main un réveille-matin, et qui le démonte pour savoir *« comment ça marche ce truc-là ? »*

Première partie

Comment fonctionne le capitalisme néolibéral ?

Chapitre I

La logique de fonctionnement du capitalisme néolibéral

« Réduire l'aventure humaine à la compétition, c'est ravaler l'individu au rang de primate. »[7]

Dans les pays du Nord occidental, depuis un demi-siècle environ, la logique dominante qui régit le fonctionnement du capitalisme a changé très radicalement. Pour le dire en une phrase, nos sociétés sont passées d'un *capitalisme industriel national et protectionniste, régulé par les États,* à un *capitalisme néolibéral mondialisé, dérégulé et imposant ses propres règles aux États**. Il importe de préciser d'abord que ces deux régimes ne sont pas seulement des régimes économiques (des modes de production), mais que ce sont des *régimes sociétaux,* c'est-à-dire qui imprègnent toutes les relations sociales* de la vie commune, donc tous les champs relationnels*.

L'analyse présentée ici repose sur ***sept propositions****, qui concernent les *sept champs relationnels* que je considère comme constitutifs de la vie commune. Ces champs sont articulés entre eux et j'estime qu'*ils ont tous une importance théorique égale* : car si l'un d'entre eux ne fonctionne pas comme le veut la logique de l'ensemble, il bloque le fonctionnement des autres et « la machine » ralentit ou s'arrête. Un *schéma* (figurant à la fin de ce premier chapitre) résume l'analyse et peut servir de guide de lecture. J'attire l'attention sur la signification des flèches dans ce

---

[7] Albert Jacquard, « Changer les règles, ou sombrer », in *Manière de voir, Le Monde diplomatique,* n° 137, oct.-nov. 2014, p. 87.

schéma : elles ne signifient pas « *cause…* », mais plutôt « *permet de comprendre les raisons de…* ». Car il n'y a pas de causalité efficiente dans la vie sociale : les acteurs sont conditionnés, mais comme je viens de le rappeler, ils ne sont jamais entièrement déterminés par des logiques structurelles : ils peuvent toujours dire « non » !

*Première proposition : la logique des relations de savoir**

Depuis les années 1970, les innovations techniques dans les domaines de l'informatique, de la robotique et de l'intelligence artificielle, ainsi que les découvertes scientifiques de la génétique et leurs prolongements dans la biotechnologie, ont engendré une profonde *mutation technologique.*[8] Celle-ci a eu au moins trois conséquences majeures.

1- Cette mutation a engendré une *course effrénée à l'innovation technologique* entre les entreprises des pays les plus hégémoniques du monde. Les entreprises qui adoptent les nouvelles technologies, et parviennent à suivre le rythme du renouvellement permanent de leurs procédés de production, survivent et grandissent ; celles qui n'ont pas pu (ou pas voulu) les intégrer ont survécu péniblement ou ont disparu : elles ont fait faillite, ou bien elles ont été absorbées par les plus grandes. Aucune considération éthique ne semble pouvoir arrêter cette course : les entreprises vont jusqu'à prendre des brevets sur le vivant[9] – sur des molécules, sur des gènes –, brevets qui sont autorisés aux USA depuis 1980 et dans l'UE depuis 1992. Ce qui implique que les entreprises capitalistes

---

[8] Ce n'est pas la première fois qu'une mutation technologique se produit dans l'histoire du capitalisme moderne : il y a eu d'abord celle de la machine à vapeur, puis celle des moteurs à explosion et celle de l'électricité, puis celle de l'énergie nucléaire, et enfin, celle de l'informatique. Toutes ont relancé la compétition entre les entreprises et les États, avec, à chaque fois, des tensions internationales, et le plus souvent, des guerres.

[9] Lire sur ces questions l'interview de Riccardo Petrella dans le Journal *POUR*, Spécial Climat, n° 3, nov.-déc. 2017, janv. 2018.

peuvent désormais traiter la vie comme une marchandise, soumise à la loi de l'offre et de la demande.

2- Cette course à l'innovation a engendré une forte *hausse de la productivité* du travail,* surtout dans les secteurs les plus stratégiques de l'économie : ces nouvelles technologies permettent de produire, en quantité et en qualité, des biens et des services extrêmement diversifiés, *dont l'offre dépasse largement la demande solvable* dans les domaines les plus rentables de l'industrie.

3- Cette croissance accélérée et brutale des forces productives a provoqué une *prise de conscience écologique.* Le progrès indéfini de la maîtrise et de la transformation de la nature par la science, la technique et le travail a touché ses limites : les ressources non renouvelables s'épuisent, l'environnement est en danger, la survie de l'espèce humaine est menacée.

*Deuxième proposition : la logique des relations de puissance**

Ce formidable dynamisme technologique a bouleversé les rapports sociaux de production.[10] D'abord, en 1973, les fameux « accords de Bretton Woods » (signés en juillet 1944) furent abandonnés. Cela signifie que la valeur des monnaies nationales n'est plus rattachée à un étalon-or commun. L'argent devient ainsi une marchandise *privée* comme les autres, soumise à la loi de l'offre et de la demande, dont les échanges ne sont plus contrôlés par les États et qui peut donc faire l'objet de spéculation. En même temps, les entreprises, soumises à la loi de la compétition, doivent, pour survivre, *vendre* tout ce qu'elles sont capables de produire. Elles doivent donc *conquérir des marchés au-delà des frontières*

---

[10] Le passage du capitalisme protectionniste au capitalisme néolibéral nous offre un exemple, très actuel, de la *« contradiction entre la croissance des forces productives et les rapports sociaux de production »*, que Marx considérait comme sa principale découverte, et qui lui a permis d'expliquer les luttes de classes, donc le « moteur de l'histoire ».

nationales de leur pays d'origine. On a vu ainsi les États, surtout dans les pays les plus industrialisés, abandonner rapidement le *protectionnisme** économique (le modèle keynésien) qu'ils avaient mis en place pour résoudre les problèmes posés par la grande crise des années 1929-1930. Ils ont réduit les droits de douane qui protégeaient leurs entreprises nationales contre la concurrence des entreprises étrangères. Ils ont réduit aussi, voire supprimé, les interventions des États qui avaient pour but de réguler les cycles de l'économie en entreprenant de grands travaux publics, en créant des entreprises publiques et en pratiquant le contrôle des changes. Ils ont donc privatisé (totalement ou partiellement) les grandes entreprises publiques. Bref, la nouvelle classe gestionnaire du capitalisme néolibéral – celle que j'appelle la « *classe compétitiviste* » (voir plus loin) – a exigé que les États se mettent au service d'un nouveau « dieu » – *le Marché* – qu'ils se soumettent à ses « lois », qu'ils laissent circuler librement les biens et les services, les capitaux et les informations, qu'ils laissent le marché fonctionner selon sa rationalité propre, en comptant sur sa prétendue « main invisible » pour réguler les échanges. Ils ont ainsi *généralisé le modèle économique capitaliste néolibéral.*

Cette évolution a engendré une violente montée du chômage, de l'exclusion sociale et des inégalités. Mais elle a eu aussi pour conséquence *un changement radical des rapports de classes.* Les classes sociales, que Marx avait identifiées pour le capitalisme industriel national – la bourgeoisie, qui s'appropriait et gérait les surplus* économiques et le prolétariat qui les produisait – ne sont plus celles qu'engendre le capitalisme néolibéral d'aujourd'hui. *Comprendre ce changement des classes sociales et de leurs rapports* est tout à fait essentiel, tant pour **analyser** que pour **réorienter** les luttes sociales (voir le chapitre II).

*Troisième proposition : la logique des relations d'hégémonie**

Les performances économiques du modèle néolibéral sont telles que la nouvelle classe gestionnaire s'est efforcée de l'imposer au niveau des marchés mondiaux. Les pays qui ont adopté le modèle néolibéral ont réussi, le plus souvent, à augmenter leur « PIB par tête d'habitant* », donc la richesse économique qu'ils produisent et consomment. Cependant, cette richesse est très mal distribuée et les inégalités sociales grandissent entre les groupes sociaux les plus riches et les plus pauvres, ainsi qu'entre les pays qui réussissent, tantôt plus, tantôt moins, à appliquer ce modèle économique, et ceux qui échouent. Cette évolution a eu d'abord pour conséquence l'effondrement des régimes communistes de type soviétique, qui n'ont pas su résister à la compétition avec les pays capitalistes. Elle a eu ensuite pour effet de stimuler les économies de certains grands pays (les « émergents » : Brésil, Russie, Inde, Chine)[11], dont la nouvelle classe gestionnaire avait intérêt à conquérir rapidement les marchés.

Dès lors, l'ordre économique et politique mondial qui avait régné jusqu'alors s'est trouvé bouleversé : le monde actuel n'est plus piloté par des Blocs (Est/Ouest), mais par des alliances entre les États les plus hégémoniques de la planète (G8, G20…), qui ont adopté le modèle néolibéral, et par les grandes organisations internationales (FMI, BM, OMC, OCDE[12]…). Les dirigeants et le personnel de ces dernières, principalement financées par les États hégémoniques, sont au service du projet néolibéral et pèsent de tout le poids de leurs ressources financières et de leur pouvoir politique, pour promouvoir, là où c'est possible dans le monde,

[11] Le Chili pourrait être ajouté à cette liste : en trente ans de 1990 à 2020, son PIB/tête est passé d'environ 5 000 à 25 000 dollars (selon le site Web *Perspective Monde.*

[12] Fonds monétaire international, Banque mondiale, Office mondial du commerce, Organisation de coopération et de développement économique.

l'économie de marché, réputée efficace et incontournable. C'est par l'intermédiaire des États les plus hégémoniques et de ces organisations internationales que la nouvelle classe gestionnaire parvient à imposer le modèle néolibéral à tous (ou presque tous) les autres États du monde. Partout sont mis en œuvre des *traités de libre commerce* destinés à libéraliser les échanges commerciaux et financiers entre les pays. Ces traités constituent le nouveau visage de l'impérialisme d'aujourd'hui et de demain, puisque les pays moins hégémoniques, s'ils veulent participer au commerce mondial, sont obligés de les signer ou de s'y soumettre dans les faits.

*Quatrième proposition : la logique des relations de pouvoir**

La classe gestionnaire néolibérale et les organisations internationales, qui promeuvent ses intérêts, exercent d'énormes pressions sur les États nationaux pour qu'ils se conforment aux exigences du modèle néolibéral. Dès lors, *la relation de force entre les États et le marché s'est inversée* : pour que la « machine » tourne rond, il faut que les États renoncent à une grande partie de leur *souveraineté nationale,* qu'ils signent de nombreux traités internationaux qui les engagent, qu'ils renoncent à interférer sur la rationalité du marché (par exemple, qu'ils cessent d'aider les entreprises ou les secteurs économiques en difficulté), qu'ils privatisent leurs entreprises publiques et qu'ils pratiquent une politique d'austérité budgétaire.

Or, les États du monde sont *inégaux* devant ces exigences : les moins hégémoniques (ceux qui sont moins « développés ») sont souvent incapables de pratiquer de telles politiques, qui ouvrent tout grand la porte à l'impérialisme occidental et qui creusent les inégalités de façon dangereuse au sein de leur population (qui donc a tendance à migrer vers le nord) ; les plus hégémoniques (ceux du Nord occidental) ont dû, pour y faire face, accepter le principe d'un « État minimum » qui les a amenés à renoncer en grande partie à leur souveraineté et qui a mis en cause leur démocratie représentative. En effet, les citoyens se rendent bien compte que leurs dirigeants politiques ont beaucoup perdu de leur emprise sur les États qu'ils gouvernent : pour être élus, ils font des promesses qu'ils savent ne pas pouvoir tenir ! Par exemple, les politiciens promettent de résoudre le problème du chômage, alors que ce ne sont pas (bien au contraire) les États qui créent des emplois ; ils font des « cadeaux » fiscaux aux entreprises étrangères pour qu'elles s'installent dans leur pays : elles profitent de l'aubaine, s'y installent en effet, mais ne créent pas, ou très peu d'emplois. Tout cela fausse le « jeu » politique et provoque une crise profonde de la démocratie parlementaire représentative. D'où le découragement des électeurs qui ne savent plus pour qui voter, ni comment être citoyens : que leurs élus soient de gauche, du centre ou de droite, cela revient *presque* au même ! Ils s'abstiennent donc de voter ou, pire encore, ils votent pour des partis démagogiques et populistes d'extrême droite. Ceux-ci séduisent l'opinion publique dans beaucoup de pays, en stigmatisant les immigrés, auxquels ils font jouer le rôle de boucs émissaires, et en promettant, en vain, de restaurer la souveraineté nationale.

*Cinquième proposition : la logique des relations d'influence**

Pour que tous les groupes de pression – représentant les multiples intérêts et les projets de toutes les catégories sociales qui interagissent dans une collectivité – puissent *coexister pacifiquement* dans le cadre d'un *contrat social*, il est nécessaire que l'État mette en place des dispositifs légaux et institués de gestion des conflits par la négociation (et non par la violence armée), permettant à ces groupes de discuter entre eux, d'établir des compromis et de faire garantir ceux-ci par le pouvoir politique.

Sous le régime du capitalisme industriel national, après plus d'un siècle de luttes, le mouvement ouvrier avait fini par obtenir des États qu'ils instituent de tels dispositifs – la *concertation sociale* –, grâce auxquels les syndicats ont pu négocier avec la bourgeoisie un grand nombre d'acquis sociaux, dans les domaines du travail, de l'éducation, de la santé, du logement et de la Sécurité sociale (indemnisation du chômage, pensions de retraite, assurance maladie invalidité, allocations familiales, pécule de vacances). C'est ce que l'on a appelé le « pacte social de l'État-providence » : en principe, *il traitait avec égalité tous ceux qui étaient culturellement considérés comme également utiles au bien collectif.* Ainsi, l'institutionnalisation des conflits entre les classes avait mis en marche une « *dialectique de progrès* » qui profitait aux deux parties : la bourgeoisie faisait des concessions à la classe ouvrière (progrès social), mais elle récupérait la diminution de la plus-value *absolue** (résultant de ces concessions) par une augmentation de la plus-value *relative**, et ce grâce à une croissance de la productivité du travail due à l'innovation technique. Progrès technique et progrès social s'engendraient ainsi réciproquement en un « cercle vertueux » (qui a bien fonctionné pendant une trentaine d'années après la Seconde Guerre mondiale : les « Trente glorieuses », avec pour point culminant les « *Golden sixties* »).

L'adoption du néolibéralisme par les États nationaux a remis en question le contrat social de l'État-providence. En effet, ce changement a affaibli *les trois partenaires sociaux* qui y intervenaient : les bourgeoisies industrielles nationales (voir la deuxième proposition) et les États nationaux (voir la quatrième proposition), mais aussi les mouvements syndicaux des travailleurs, dont les luttes courageuses et persistantes ont valu à nos sociétés la plupart de leurs acquis sociaux. En effet, la vieille classe ouvrière a perdu une grande partie de sa capacité à résister à la domination sociale : le mouvement ouvrier est en déclin partout. La capacité des syndicats de travailleurs à se défendre contre la domination des dirigeants néolibéraux, en exerçant sur eux des pressions efficaces (notamment par la grève), s'est considérablement réduite au cours des dernières décennies. Il y a *plusieurs raisons* à cela : la hausse de la productivité du travail, en engendrant le néolibéralisme, a également produit du chômage structurel (donc une « armée de réserve » de travailleurs en recherche d'emploi) ; les gestionnaires des entreprises sont devenus inaccessibles à cause des délocalisations : ils vont chercher ailleurs (notamment dans les pays dits « émergents ») des travailleurs plus soumis et plus exploitables ; le socialisme a perdu une grande partie de sa crédibilité et le communisme n'en a plus du tout. Dès lors, depuis quatre décennies, les acquis sociaux du pacte social se réduisent comme une peau de chagrin : ils sont « rongés » petit à petit dans tous les domaines. *Le principe de sens du contrat n'est plus l'égalité, mais l'équité* qui relève plus d'un « darwinisme social » (à chacun selon ses mérites, étant donné ses performances dans la compétition interindividuelle généralisée) que d'une solidarité instituée.

Cette évolution s'explique facilement. S'étant mis – bon gré, mal gré – au service du projet néolibéral, les États nationaux sont contraints de pratiquer des politiques d'*austérité budgétaire :* en effet, ils doivent faire des économies sur les dépenses publiques et sociales, pour permettre aux entreprises de réduire les coûts du travail et de payer moins d'impôts, afin de les rendre ainsi *plus compétitives sur les marchés internationaux.* Dès lors, les États rendent *plus difficile et/ou plus cher* l'accès des usagers aux avantages que leur prodiguait l'État-providence, dans tous les domaines (santé, éducation, Sécurité sociale, etc.). La conséquence est que toutes les organisations du secteur public ou parapublic (la justice, les écoles, les hôpitaux, les centres publics d'aide sociale, la police, les entreprises publiques…) doivent gérer une contradiction entre, d'une part, une forte croissance de la demande d'aide sociale (due à la hausse des inégalités, du chômage et de l'exclusion) et, d'autre part, des ressources financières insuffisantes pour y répondre.[13]

Bref, l'*État Providence* a été progressivement remplacé par l'*État social actif.* Il serait plus juste de parler de *« l'État activateur »*, car sa politique consiste à « activer » les individus et les groupes sociaux exclus des bénéfices du contrat social, afin qu'ils résolvent eux-mêmes leurs problèmes, en comptant le moins possible sur la solidarité instituée : il faut qu'ils soient « entrepreneurs » de leur propre subsistance. Du même coup, l'État désamorce la vertueuse « dialectique du progrès » : *il sacrifie le progrès social sur l'autel du progrès technique.*

*Sixième proposition : la logique des relations d'autorité**

Toute société s'efforce de socialiser ses membres (venus par fécondité naturelle ou par immigration) : elle tend ainsi à « fabriquer » les individus dont elle a besoin pour pratiquer les relations sociales dans les cinq champs relationnels examinés ci-dessus. Ainsi, elle leur apprend à occuper les places qui leur sont assignées dans un ensemble social *intégré.*

La société capitaliste industrielle s'efforçait de « fabriquer » des individus dotés de compétences *utiles aux finalités collectives.* Ils devaient savoir bien jouer leurs rôles sociaux : être de bon(ne)s fil(le)s, élèves, maris/épouses, pères/mères, travailleur(euse)s, citoyen(ne)s, etc. Bref, des hommes et des femmes « ordinaires », comme l'écrit Charles Taylor[14], qui font leurs *devoirs* sociaux (qui travaillent et qui élèvent dignement leurs enfants). En revanche, la société capitaliste néolibérale a besoin de « fabriquer » des gens

---

[13] Le plus souvent, les États n'ont pas diminué leur intervention financière, mais ils ne l'ont *pas augmentée suffisamment* pour répondre à une demande qui a explosé suite à la montée de l'exclusion et des inégalités, et surtout, ils ont soumis le droit d'accéder à ces subsides à des conditions de plus en plus draconiennes.

[14] Voir Charles Taylor, *Les sources du moi*, Paris, Seuil, 1998.

capables de *mérites individuels* : ils doivent apprendre à se conduire comme des *consommateurs* insatiables, des *compétiteurs* impitoyables et des *communicateurs* infatigables. Il faut qu'ils trouvent du sens à leur vie en la passant à comparer les « rapports qualité/prix » de tous les biens et services qui leur sont offerts et qu'ils s'endettent pour les acheter ; il faut qu'ils soient mobiles, flexibles, imaginatifs, créatifs, qu'ils se battent comme des loups pour conserver leur emploi (ou en trouver un meilleur) et payer leurs dettes… Et qu'ils passent leur temps le nez collé sur un écran (celui de leur GSM, de leur GPS, de leur PC ou de leur TV), qu'ils surfent sur le « web », qu'ils envoient des « *tweet* » et des « *like* » et qu'ils collectionnent des « amis » sur « Facebook ». Et qu'ils se passionnent pour le football !

Nous revenons ainsi à notre point de départ. Car, évidemment, *c'est très exactement de ces individus-là que la « machine » néolibérale a besoin pour « tourner »*, en les faisant participer à la mutation technologique – énoncée dans la première proposition ci-dessus – et par conséquent aux autres champs relationnels. En écrivant cela, je ne prétends pas que *tous* les individus qui composent nos sociétés acceptent d'entrer dans ce « jeu » : je sais bien que, fort heureusement d'ailleurs, beaucoup résistent et cherchent des alternatives. Je dis seulement que ce sont de tels *« individus Consommateurs-Compétiteurs-Connectés »* dont la logique néolibérale a besoin pour fonctionner, et qu'elle les « fabrique » avec une remarquable efficacité.

*Septième proposition : la logique de la légitimité**

Les êtres humains, parce qu'ils sont *« sapiens »* (donc dotés d'une *conscience* nettement plus développée que toutes les autres espèces vivantes), éprouvent le besoin de *donner du sens (une orientation et une signification, donc une légitimité) à leurs pratiques* dans les six champs relationnels qui viennent d'être examinés. À moins d'y être brutalement contraints par la force, ils ne pourraient pas survivre dans un monde qui leur paraîtrait arbitraire et absurde. Pour donner du sens à ce qu'ils font, disent, pensent et ressentent, les acteurs créent donc *de la culture.* Ils créent des *principes éthiques* auxquels ils croient, sur lesquels ils fondent la légitimité de leurs valeurs, de leurs intérêts, de leurs traditions et de leurs affects, et ils interprètent ces principes selon les positions sociales qu'ils occupent, créant ainsi des idéologies* et des utopies*. En retour, *cette culture légitime, à laquelle ils adhèrent, conditionne leurs pratiques* dans tous les champs relationnels, parce qu'elle leur donne du sens en les légitimant. Ainsi, *la causalité est réciproque* : les acteurs ont besoin de produire de la culture pour justifier et donner du sens à ce qu'ils font, pensent et disent, et cette culture leur permet de continuer à faire, penser et dire ce qu'ils croient être légitime. Bref, ils font ce qu'ils croient, et ils croient ce qui justifie ce qu'ils font ! Je reviendrai en détail sur la question des *rapports entre les pratiques et la culture* au chapitre III.

Ainsi « fonctionne » *la logique du capitalisme néolibéral mondialisé. Dans chacun des sept champs relationnels énoncés ci-dessus, les acteurs ont besoin, pour mener à bien leurs actions, que ceux des autres champs se conduisent conformément à leurs attentes* ; donc, ils agissent sur eux pour obtenir qu'ils s'adaptent à leurs exigences. Résumons-nous :

1 —> 2 : la mutation technologique a rendu nécessaire une mutation économique : le passage du capitalisme industriel national au capitalisme néolibéral mondialisé ;

2 —> 3 : ce régime néolibéral a complètement bouleversé l'ordre politique international : il est géré aujourd'hui par des alliances entre États hégémoniques et par des organisations internationales ;

3 —> 4 : ces alliances politiques et ces organisations ont imposé (ou tentent d'imposer) aux États nationaux l'adoption du modèle néolibéral, ce qui, notamment, réduit leur souveraineté ;

4 —> 5 : pour réussir à mettre en œuvre ce modèle, les États nationaux ont abandonné l'État-providence et mis en place un nouveau « contrat social » fondé sur l'État social actif ;

5 —> 6 : ce nouveau contrat social a rendu nécessaire d'autres modes de socialisation et d'intégration des individus : ils doivent être des « consommateurs-compétiteurs-connectés » ;

6 —> 1 : ces individus-là sont exactement ceux qui stimulent les mutations technologiques dont le projet néolibéral a besoin pour fonctionner ;

1,2,3,4,5,6 <—> 7 : pour donner du sens et justifier ce qu'ils font, disent, pensent et ressentent, les acteurs dominants des six champs relationnels énoncés ci-dessus ont produit une idéologie* néolibérale qui, à son tour, oriente leurs pratiques et celles des acteurs dominés.

Je rappelle encore qu'il n'y a pas de causalité efficiente dans la vie sociale : tous les membres des collectivités ne sont pas obligés d'obéir à cette logique, de se laisser emporter par cette idéologie néolibérale, si dominante soit-elle. Les acteurs dominés sont dotés de conscience et ils peuvent dire « non ». Nous verrons, au chapitre VII, que ces derniers ont réagi à cette idéologie dominante en produisant des utopies*. Toute cette créativité culturelle, tant celles des acteurs dominants que celles des dominés, a engendré une mutation du modèle culturel* régnant (voir le chapitre III).

Le schéma de la page suivante permet de bien comprendre cette logique de fonctionnement.

La logique des relations sociales du capitalisme néolibéral mondialisé (ou : comment tourne la « machine ? »

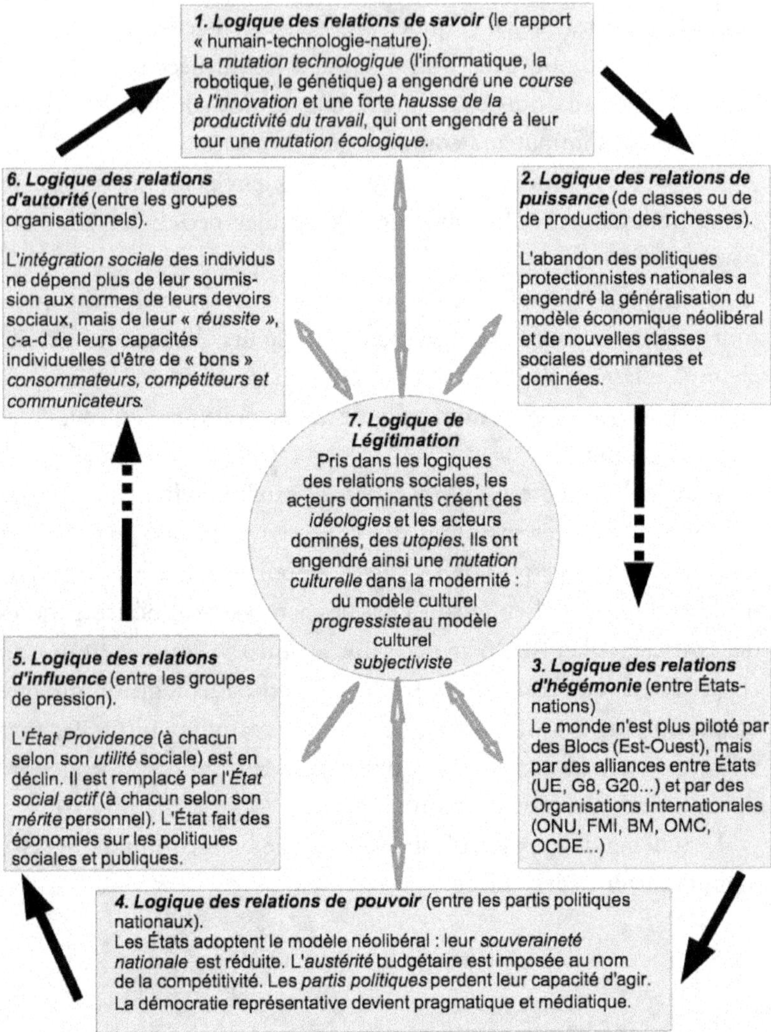

Dans ce schéma, les flèches ne signifient pas « cause », mais bien « permet de *comprendre* les *raisons* de ... ». Les flèches doubles indiquent un rapport d'interaction réciproque.

Chapitre II

Les trois âges du capitalisme

Le capitalisme n'est pas seulement, mais est d'abord un mode de production*, c'est-à-dire une manière de faire *produire,* par un groupe d'individus (appelé *classe* productrice*), un surplus de richesses qui sera *approprié* par un autre groupe d'individus (appelé *classe gestionnaire**) et de laisser à cette dernière le droit de *gérer* ce surplus comme elle l'entend, donc de décider de l'usage social qu'elle en fera. *Produire, approprier, gérer un surplus* sont donc les trois composantes de tout mode de production, que l'on retrouve aussi bien dans le mode de production capitaliste néolibéral que dans tous ceux qui l'ont précédé.[15] Puisque c'est la classe gestionnaire qui décide de l'usage qu'elle fera du surplus, elle peut gérer celui-ci de deux manières : sa gestion peut être conforme à l'intérêt général (on parlera alors de *classe dirigeante**), ou bien

---

[15] Depuis l'invention de l'agriculture, la sédentarisation et la division sociale du travail (donc depuis environ sept à neuf mille ans av. J.-C.), il y a des modes de production et des classes sociales dans les collectivités humaines – probablement dans toutes ! Dès qu'il y a division du travail, une partie des membres de la collectivité doit bien fournir un travail excédentaire, pour produire les richesses nécessaires à la survie de ceux qui n'en produisent pas (non pas parce qu'ils ne font rien, mais parce qu'ils ont d'autres activités également nécessaires). Je ne porte aucun jugement de valeur là-dessus : je me contente de constater que, selon mon information, c'est ainsi ! Je ne dis pas non plus qu'il en ira toujours ainsi, mais ça, c'est une affaire de foi, pas d'analyse. Par contre, ce dont je suis certain, c'est que pour « transformer le monde », il faut d'abord comprendre comment les classes produisent et gèrent la richesse économique.

servir seulement ses intérêts privés (on la dira alors *classe dominante**). Entre la classe gestionnaire et la classe productrice, il y a un rapport de collaboration contrainte, donc de domination : la première fait travailler la seconde, lui enlève les produits de son travail et les gère à son gré.

Si Marx a eu raison d'écrire que « *l'histoire de toute société jusqu'à nos jours est l'histoire des luttes de classes* »[16], alors nous devons nous poser très sérieusement la question : *quelles sont les classes sociales qui interviennent dans le capitalisme néolibéral mondialisé d'aujourd'hui* ? En effet, il se trouve que le mode de production capitaliste a beaucoup changé depuis que Marx l'a analysé dans *Le Capital* : celui qu'il avait sous les yeux, en Angleterre, au milieu du XIXe siècle, était le *capitalisme industriel libéral et national.* Par la suite, avec les crises économiques et les guerres (que ce mode libéral d'industrialisation avait provoquées), le capitalisme s'est adapté – il a muté, comme le font les virus ! – et est devenu le *capitalisme industriel national protectionniste.* Plus tard encore, dans les années 1970, il s'est de nouveau adapté, pour devenir le *capitalisme néolibéral dérégulé et mondialisé.* Ainsi, après Marx, la classe gestionnaire a changé par deux fois le mode de fonctionnement du capitalisme, donc son mode de production, ses classes sociales et les rapports que ces dernières partageaient entre elles. Ce sont ces trois âges du capitalisme qui nous intéressent au plus haut point, nous qui avons besoin de comprendre comment les luttes de classes doivent être conçues, *si nous voulons aider la classe productrice d'aujourd'hui à se défendre de la domination de la classe gestionnaire.*

---

[16] Première phrase du Manifeste du parti communiste.

1- Premier âge : le capitalisme industriel libéral et national

On pourrait croire que la définition du capitalisme est évidente. Or, expérience faite, il n'en est rien ! On ne peut pas le définir par le marché (le commerce existe depuis que le monde est monde) ; ni par la propriété privée (elle règne au moins depuis l'invention de l'agriculture) ; ni par le surtravail (il est présent dans tous les modes de production) ; ni même par la recherche du profit (il y a toujours eu des riches et des pauvres).[17]

L'importance de l'œuvre de Marx est justement d'avoir identifié *la logique de fonctionnement spécifique du capitalisme* de son époque : c'était un mode d'industrialisation, fondé sur *la libre concurrence entre les propriétaires de capitaux* ; cette concurrence se livrait surtout, mais pas exclusivement, à l'intérieur des frontières des espaces nationaux. Ce mode de production était censé produire « la richesse des nations »[18] et il l'a fait, effectivement, plus que nul autre avant lui. Il est donc essentiel de rappeler – brièvement mais clairement[19] – comment il fonctionnait.

---

[17] On doit donc se demander si le capitalisme analysé par Marx était bien la première forme de ce mode de production. Que dire, en effet, du mode de production artisanal marchand, qui a précédé les révolutions industrielles ? Ou que dire du rapport entre les propriétaires des prairies et des troupeaux de moutons, et leurs métayers, après les « *enclosures* » en Angleterre du XVIe siècle : n'était-ce pas déjà du capitalisme ? La question est complexe. Cependant, si le capitalisme, tel que Marx l'a décrit, est bien « idéal-typique », on ne peut pas considérer que la période qui l'a précédé ait déjà connu ce mode de production. En effet, il manquait à ces formes anciennes certaines caractéristiques fondamentales, relatives à la formation des prix sur des marchés concurrentiels, aussi bien celui de la force de travail, que celui des biens et services produits. Mais il s'agit là d'une autre question que je n'ai pas besoin de traiter ici pour mon propos.

[18] Selon le titre du livre d'Adam Smith, publié en 1776.

[19] J'essaie, péniblement, de m'en tenir à une devise que Nicolas Boileau m'a enseignée : « *ce qui se conçoit bien s'énonce clairement et les mots pour le dire*

Dans les pays de l'Europe occidentale, au milieu de XIXe siècle, de nombreux individus, privés de tout moyen de production, ne disposaient que de leur force de travail : s'ils trouvaient des emplois dans les manufactures, ils entraient dans une classe productrice, appelée « prolétariat ». Ils disposaient librement de leur force de travail : ils étaient des « travailleurs libres », car libérés de l'esclavage et du servage. Chacun d'entre eux n'avait donc d'autre choix que de chercher à vendre sa force de travail sur un marché, où celle-ci pouvait être achetée par un membre de la classe gestionnaire (appelée « bourgeoisie »), qui lui, était propriétaire privé de moyens de production (il avait un atelier et des outils). Sur ce marché du travail, ce sont donc des individus qui se rencontraient (les syndicats ouvriers étaient interdits ou non reconnus et réprimés). Le prix de la force de travail était fixé par le rapport entre l'offreur (ici le prolétaire vendeur) et le demandeur (ici le patron acheteur), comme celui de n'importe quelle autre marchandise, du moins sur un marché en concurrence parfaite[20]. La force de travail était donc devenue une marchandise. Dans ces

---

arrivent aisément. » Autrement dit, si ce que j'écris n'est pas clair, c'est que je ne le conçois pas clairement !

[20] Quand la concurrence est parfaite, l'offreur n'a aucune raison d'être pressé de vendre et le demandeur n'a aucune raison d'être pressé d'acheter : l'échange s'effectue alors entre des individus totalement libres, qui savent qu'ils trouveront toujours un partenaire. Évidemment, il en va rarement ainsi sur le marché des biens et des services, et plus encore sur le marché du travail : le plus souvent, le travailleur *doit vendre d'urgence* sa force de travail parce qu'il doit gagner sa vie, alors que le patron est plus rarement obligé de la lui acheter : il peut attendre ou chercher des travailleurs qui acceptent de travailler pour des salaires moins élevés. Ce déséquilibre explique pourquoi, au nom du « libre-échange », les syndicats de travailleurs étaient interdits (par exemple, en France, par la loi Le Chapelier de 1791), donc illégaux et durement réprimés. En effet, quand les ouvriers ont pu se solidariser, leurs syndicats ont fait pression sur leurs membres pour qu'ils n'acceptent pas de baisser le prix de leur force de travail, et pour aider financièrement ceux qui perdaient ou ne trouvaient pas d'emploi.

conditions, son prix, c'est-à-dire le salaire du travailleur, était, selon Marx, égal à *« la somme des valeurs d'échange des biens socialement nécessaires à sa reproduction »* (reproduire sa force de travail, c'est-à-dire manger, boire, dormir, avoir un logement et nourrir sa famille plus ou moins correctement). Dès lors, ce salaire ne permettait jamais au prolétaire d'acheter des moyens de production et d'en devenir propriétaire : il était toujours *reproduit (reconduit)* dans sa condition sociale de classe. En outre (et surtout), pendant la durée de sa journée (de sa semaine, de son année) de travail, l'ouvrier produisait des biens ou des services dont la valeur d'échange était bien supérieure à celle de son salaire (la différence entre les deux était appelée « plus-value* »). En effet, pendant la première partie de son temps de travail, il produisait des biens dont la valeur marchande correspondait à celle de son salaire (« travail nécessaire* »), tandis que pendant la seconde partie de ce temps, il continuait à en produire, mais pour constituer la plus-value (« travail excédentaire » ou « surtravail* »). Celle-ci était appropriée par le patron capitaliste, quand il vendait les produits du travail sur le marché : puisqu'il était propriétaire de tous les facteurs de production, il l'était aussi des biens ou des services produits, donc de la plus-value qui était contenue dans leur prix de vente. Et il pouvait donc décider de l'usage qu'il en ferait : s'offrir d'innombrables privilèges et vivre dans le luxe (gestion dominante), ou bien agrandir sa manufacture, créer des emplois, augmenter les salaires, améliorer les conditions de travail, payer ses impôts, vendre des produits de meilleure qualité à ses consommateurs, et même (pourquoi pas ?) respecter l'environnement (gestion dirigeante). Bien sûr, la bourgeoisie faisait les deux à la fois, mais avec des dosages variables et laissés à son appréciation : pendant des décennies, elle a pratiqué sans vergogne une gestion excessivement dominante (c'était le bien nommé « capitalisme sauvage ») et elle n'est devenue plus dirigeante *que quand elle y a été contrainte* par certaines évolutions, que nous allons voir maintenant.

2- Deuxième âge : le capitalisme industriel protectionniste

Plusieurs raisons fondamentales expliquent cette première mutation du mode de production capitaliste.

a- La première raison fut *l'action du mouvement ouvrier.* Malgré une répression impitoyable et malgré leurs divisions (entre les ouvriers de métiers et les ouvriers qualifiés et spécialisés), les prolétaires sont parvenus, au prix de terribles sacrifices, à organiser une solidarité entre eux. Ils ont créé des organisations syndicales et, vers la fin du dix-neuvième et le début du XXe siècle, ils ont fini par les faire reconnaître par les États et par la bourgeoisie.

b- La deuxième raison, conséquence de la première, est ce que Marx a appelé *la « baisse tendancielle du taux de profit ».* Cette diminution résultait à la fois des luttes ouvrières et de la concurrence entre les patrons. En effet, que réclamait le mouvement ouvrier ? Deux choses : il voulait *réduire la durée du travail,* la durée journalière, hebdomadaire, mais aussi l'âge du début (après la scolarité) et celui de la fin de la condition ouvrière (avec la pension) ; et il voulait *la hausse des salaires* et *l'amélioration des conditions de travail.* Or, tout cela réduisait la « plus-value absolue* » (celle qui est incorporée dans chaque bien produit). En effet, la hausse des salaires et le raccourcissement de la durée du travail avaient pour effet, l'une, d'*augmenter le temps du travail nécessaire* et l'autre, de *réduire le temps de surtravail,* celui-là même qui produit la plus-value absolue. [21]

---

[21] Cette idée essentielle doit être *bien* comprise. Soit une journée de travail de 12 heures. Supposons que, pour produire des biens dont la valeur équivalait à son salaire, l'ouvrier devait travailler pendant 5 heures. Pendant ce temps (travail nécessaire), l'ouvrier produisait donc des biens, qui vendus par son

c- La troisième raison accentuait encore les effets de la deuxième. C'était la concurrence entre les entreprises elles-mêmes : elle était si acharnée qu'elle obligeait les patrons à baisser les prix de vente des produits pour conquérir de nouveaux marchés, ce qui réduisait d'autant les bénéfices commerciaux. Par la combinaison de ces deux évolutions, la plus-value se réduisit tellement que la survie du capitalisme était évidemment menacée : il « creusait sa propre tombe », disait Marx.

Pour résoudre le problème de la baisse tendancielle, d'une part, de la plus-value, et d'autre part, des profits commerciaux, il était urgent de trouver une solution qui sauverait la bourgeoisie de la faillite probable du capitalisme. Cette solution fut d'*augmenter fortement la productivité du travail** en mettant entre les mains des travailleurs des outils beaucoup plus performants. Or, justement, le XIXe siècle tout entier fut extrêmement fécond en innovations technologiques dans tous les secteurs de l'industrie (transport, sidérurgie textile, chimie, électricité, communication…). Cette modernisation permit aux patrons de récupérer la baisse de la *plus-value absolue* (celle qui est contenue dans chaque produit) par l'augmentation de la *plus-value relative** (celle qui est contenue

---

patron, permettaient à celui-ci de lui payer son salaire. Ensuite, pendant les 7 heures suivantes (temps du surtravail), il produisait encore des biens, qui équivalaient à la plus-value absolue que le patron s'appropriait. Si les luttes ouvrières obligeaient le patron à augmenter les salaires, il fallait à l'ouvrier plus de temps (disons 6 heures) pour produire l'équivalent de son salaire ; et si, en plus, ces luttes obligeaient le patron à réduire la durée du travail (disons à 10 heures), il ne produisait plus de la plus-value que pendant 7 heures – 1 heure – 2 heures = 4 heures. Et si *en plus*, la concurrence avec d'autres patrons obligeait ceux-ci à réduire ou modérer la hausse de leurs prix de vente, il leur fallait encore déduire de la plus-value la diminution des bénéfices commerciaux. À terme, pour les patrons, cette tendance conduisait évidemment à la faillite : s'ils acceptaient les revendications ouvrières et s'ils ne régulaient pas la concurrence entre eux, la plus-value finissait par se réduire à zéro. Sauf si… voir le troisième âge du capitalisme !

dans l'ensemble de la production) : chaque patron, en modernisant l'équipement de son entreprise (s'il en avait les moyens) pouvait, en doublant sa production, se permettre de gagner moins sur chaque produit, tout en gagnant beaucoup plus sur l'ensemble. En outre, ils pouvaient baisser les prix de vente, devenir plus compétitifs que les autres et leur prendre leurs marchés.

d- Hélas ! si cette solution fut très efficace, elle menait elle-même à un autre problème. L'exacerbation de la concurrence eut au moins *deux effets très pervers*, qui ont constitué une quatrième raison de la mutation du capitalisme. Le premier effet pervers fut d'éliminer les entreprises les plus faibles et, avec celles qui restaient compétitives, d'engendrer des crises répétées de surproduction. D'où la grande dépression de 1873-1896 et, pire encore, celle de 1929 et des années 1930, avec toute la misère sociale et les conflits qui s'ensuivirent. Le second fut d'entraîner les nations dans deux guerres mondiales terribles : la Première (1914-1918) et la Seconde (1940-1945).

e- Il faut encore signaler une cinquième raison importante qui, elle aussi, explique l'abandon du capitalisme libéral sauvage : la *peur du communisme*. Bien sûr, cette raison n'est intervenue que plus tard (après la révolution russe de 1917), mais elle a fortement stimulé les partis communistes dans les pays occidentaux, et donc la crainte de la bourgeoisie de les voir prendre le contrôle des États.

De toutes ces évolutions, le capitalisme ne mourut pas, mais la bourgeoisie fut contrainte de renoncer au libéralisme *et de demander aux États d'intervenir pour « calmer » le mouvement ouvrier, et pour réguler les marchés et protéger les entreprises contre les excès de la concurrence.* Pour limiter la concurrence, il fallait prendre des mesures protectionnistes : protéger les marchés nationaux par des droits de douane ; préserver les monnaies nationales par un contrôle des changes et les rattacher à l'étalon-or ; décourager les importations, encourager les exportations (notamment par une politique fiscale et une saine gestion des finances publiques) ; privilégier les entreprises nationales contre les investisseurs étrangers. Pour réduire les effets des crises cycliques et calmer les luttes ouvrières, il fallait limiter les effets néfastes des cycles du capitalisme, par une politique de travaux publics en période de dépression, et améliorer les conditions de vie du prolétariat : réduire la durée journalière et le nombre d'années de travail ; augmenter les salaires et les relier à l'index ; créer la Sécurité sociale (les indemnités de chômage, l'assurance maladie-invalidité, la pension de retraite, les allocations familiales, les congés payés) ; et instituer des mécanismes de négociation entre patrons et travailleurs, sous l'arbitrage de l'État (conventions collectives). Tout cela devenait possible en récupérant la baisse de la plus-value absolue par la hausse de la plus-value relative, donc, par la hausse de la productivité du travail grâce au progrès technologique. Par ailleurs, des hausses de salaires devaient permettre aux travailleurs eux-mêmes de devenir consommateurs de leur propre production ou de celle des autres entreprises, selon le projet du fordisme.[22] Toutes ces mesures étaient bien *politiques* : elles ne sortaient pas de la « main invisible » du marché !

Sous l'impulsion de certaines personnalités du monde politique (Franklin Roosevelt, Léon Blum…), du monde patronal (Henry Ford, Frédéric Taylor) et du monde scientifique (l'économiste John Maynard Keynes), ce capitalisme protectionniste et fondé sur un « *new deal* » (un partage plus équitable des gains de productivité) fut adopté déjà dans le milieu des années 1930 aux États-Unis, puis en Europe occidentale après la guerre 1940-1945 (avec les pactes sociaux de l'État-providence). Sa mise en œuvre posait cependant un problème considérable de financement :

[22] Henry Ford (1863-1947), fondateur de l'entreprise qui porte son nom, fut le modèle de cette méthode d'organisation de la production, qui consistait à combiner la hausse de la productivité par le travail à la chaîne (le taylorisme), avec la hausse des salaires (qui permettait à ses ouvriers d'acheter eux-mêmes une partie des automobiles qu'ils produisaient).

l'État-providence coûtait cher. Cependant, après la Seconde Guerre mondiale, le rythme soutenu des innovations technologiques et la reprise économique (notamment avec le plan Marshall) permirent encore aux entreprises d'augmenter la productivité du travail et de soutenir la plus-value relative.

Ce capitalisme régulé par l'État était donc très différent de celui qu'avait analysé Marx : l'État régulateur s'était glissé entre la bourgeoisie et le prolétariat pour arbitrer les conflits de classes et la concurrence. C'était toujours du capitalisme, dans une version nouvelle non libérale, moins « sauvage » mais plus proche soit de la social-démocratie (quand le mouvement ouvrier était très fort), soit de l'État autoritaire, voire totalitaire (quand le mouvement nationaliste était fort). Après trente années de fonctionnement efficace, ce capitalisme industriel régulé par les États nationaux a de nouveau atteint ses limites. En effet, dans les années 1970, les coûts du facteur travail étaient jugés trop élevés, à cause de la « générosité » de l'État-providence envers les travailleurs, et les marchés étaient saturés à cause du nouveau bond en avant de la productivité, résultant d'une nouvelle la mutation technologique. D'où la crise économique des années 1975-1980 !

3- Troisième âge : le capitalisme néolibéral mondialisé

Le troisième âge du capitalisme est celui que j'ai déjà évoqué dans le chapitre I : « *La logique de fonctionnement du capitalisme néolibéral* ». Je dois y revenir cependant pour approfondir certaines questions.

Nous l'avons vu, une nouvelle mutation technologique permettait d'augmenter la productivité du travail, pour les entreprises qui avaient les moyens de moderniser leur équipement, de rationaliser leur procès de production et de réorganiser le travail. D'où *une nouvelle phase d'exacerbation de la concurrence*. Il fallait donc pour survivre que, d'une part, les entreprises soient capables de *créer de la demande solvable* et de trouver des marchés nouveaux, et que d'autre part, elles *réduisent les charges salariales et les coûts de la Sécurité sociale*. Ce qui explique pourquoi *« la compétitivité de nos entreprises sur les marchés internationaux »*[23] est devenue le souci majeur des gestionnaires économiques et politiques (qu'ils soient de droite, de gauche ou du centre). Pour *créer de la demande solvable*, on pouvait faire trois choses :

–. conquérir des marchés dans d'autres pays du monde (donc supprimer le protectionnisme, notamment par la réduction ou l'élimination des taxes douanières) ;

–. permettre aux entreprises privées de transformer en marchandises des biens et des services (éducation, santé, communication, etc.) qui jusqu'alors étaient publics (d'où la vague des privatisations) ;

–. et exploiter la sensibilité récente de la population pour la protection de l'environnement (d'où les nouvelles technologies de l'énergie).

Pour *réduire les charges salariales*, il fallait :

–. précariser le travail (en rendant les contrats plus flexibles, moins sûrs et moins bien payés)

–. et rendre plus restrictives les conditions d'accès à la Sécurité sociale (notamment aux indemnités de chômage, aux pensions, aux remboursements de frais médicaux, etc.)

Enfin, pour *banaliser toutes ces mesures* (et leurs conséquences) et les rendre plus efficaces – afin que les gens s'habituent peu à peu à les trouver « normales » –, il fallait harceler, saturer tout le

---

[23] Cette sacro-sainte « compétitivité de nos entreprises » – constamment invoquée par nos chefs d'État, qui la jugent toujours trop faible –, justifie toutes les mesures qu'ils prennent (l'austérité budgétaire) ou qu'ils ne prennent pas mais dont ils parlent beaucoup (la lutte contre la fraude fiscale ou la protection de l'environnement).

monde de messages publicitaires : dans les rues, dans les journaux, à la télévision, sur internet, partout.[24]

Les classes sociales du capitalisme néolibéral

Les mesures que nous venons de voir eurent d'abord pour effet d'accélérer le déclin du mouvement ouvrier : repliés sur la défense des droits acquis pendant l'étape précédente, les syndicats se sont contentés de limiter les dégâts, de gérer la crise (les faillites, les fusions, les délocalisations, les rationalisations, la précarité des emplois, le chômage, les reculs de la Sécurité sociale...). Ils ont réagi comme ils savaient le faire : en faisant des grèves. Et puisque le communisme n'était plus une alternative crédible, ils ont défendu comme ils l'ont pu le reste de socialisme auquel ils croyaient encore. Mais ils n'ont pas bien compris ce qui se passait ! Ils n'ont pas compris que les classes et les rapports de classes avaient profondément changé, *que la classe ouvrière ne serait plus à l'avenir (et qu'elle n'était déjà plus), la garante du « visage humain » du capitalisme social-démocrate.* Et qu'il était temps de passer à autre chose. Mais à quoi ?

Je pense qu'il est essentiel de bien comprendre que ce qui structure les classes sociales d'aujourd'hui (les rapports de classes), *ce n'est plus la production* de richesses, (comme ce fut le cas dans le premier et le second âges du capitalisme) *mais leur consommation.* La production n'est plus un problème : il y a partout dans le monde une inépuisable « armée de réserve » de travailleurs, prêts à accepter n'importe quelles conditions pour avoir un emploi, et qui disposent d'outils extrêmement performants (des robots), leur

---

[24] Je me souviens de l'introduction de la publicité à la télévision francophone belge. Elle a commencé tout doucement (pour que cela ne nous scandalise pas trop !) : *« Buvez du lait », « chauffez-vous au charbon », etc.* mais *sans se référer à une marque ou à une entreprise précise.* J'ai senti, intuitivement, qu'elle était en train de m'appâter, de m'embobiner ! Plus tard, elle est devenue ce qu'elle est maintenant : d'une *insupportable bêtise !*

permettant de produire des biens et des services farcis de plus-value relative ! Avec ces outils en main, le temps qu'il leur faut pour produire une valeur équivalente à leur salaire (le travail nécessaire) se réduit beaucoup, tandis que le temps de surtravail augmente d'autant ; et même si la concurrence oblige parfois les patrons à modérer les prix de vente des biens et des services, les plus-values qu'ils réalisent sont encore bien supérieures à ce qu'elles étaient avant. Le problème, c'est que ces biens et ces services sont produits en *quantités largement supérieures aux besoins des consommateurs.* Or, à quoi sert une plus-value si elle n'est pas réalisée par la vente des produits ? Dès lors – et cela est essentiel –, *savoir vendre est devenu bien plus important que savoir produire.* Et justement, savoir vendre, c'est être capable de créer des besoins solvables pour réaliser cette plus-value, donc de *manipuler les besoins des consommateurs* par la publicité : *la séduction idéologique est devenue plus importante que l'exploitation de la force de travail.* C'est toujours du capitalisme, mais il a changé : il n'est plus celui du XIXe siècle, étudié par Marx, ni celui qui l'a suivi durant la moitié centrale du XXe siècle. S'il s'agit bien d'un retour au capitalisme libéral, le *suffixe « néo » est important* : d'une part, c'est un libéralisme mondialisé et non plus enfermé dans les limites des nations, et d'autre part, c'est un capitalisme régulé par des organisations internationales (BM, FMI, OMC...), qui dictent leur loi aux États nationaux.

Cette mutation du capitalisme a eu pour conséquence *le changement progressif de la classe gestionnaire qui pilote l'économie mondiale* : la vieille classe bourgeoise du capitalisme industriel national (les propriétaires privés de moyens de production) a perdu une grande partie de sa puissance. En effet, *ce qui est devenu stratégique* aujourd'hui pour faire partie de la classe gestionnaire, ce n'est plus d'être propriétaire privé de moyens de production (même si ce n'est évidemment pas inutile). Qui gère aujourd'hui l'économie néolibérale mondialisée ? Ce sont les riches financiers, les commerçants, les banquiers, les sociétés multinationales, les fonds d'investissement et leurs actionnaires, les spéculateurs, les marchands[25], – ceux qui se réunissent chaque année à Davos, en Suisse, pour se concerter –, qui contrôlent la plus grande partie des échanges au niveau mondial. Je propose d'appeler cette classe **la *« classe compétitiviste »*.** [26]

On peut la comparer à une ***pieuvre géante***, qui aurait une tête et huit tentacules : elle est aidée en effet par *huit spécialistes* (indispensables, très bien rémunérés, donc complices) :

a- les *agences de notation*, qui évaluent la santé économique des entreprises et des États, et qui disent aux actionnaires où et quand ils doivent placer leur argent s'ils veulent faire entre 15 et 25 % de bénéfice par an ;

b- *les grands managers*, qui savent comment il faut gérer les entreprises pour qu'elles soient compétitives et réalisent de tels bénéfices ;

c- les *agences d'innovation technique*, qui ne cessent d'inventer de nouvelles technologies (et de rendre les anciennes obsolètes),

---

[25] Des marchands qui ne vendent pas seulement des biens et des services honorables : les marchands d'armes et les trafiquants de drogues occupent parmi eux une place considérable, même s'ils sont honnis de tous.

[26] Sans procès d'intention, ni jugement de valeur, il y a, me semble-t-il, une bonne raison de penser que cette nouvelle classe gestionnaire est encore *plus aveugle et plus cynique* que les précédentes (donc bien plus dominante que dirigeante). Les maîtres d'esclaves, les seigneurs féodaux, les commerçants et même la vieille bourgeoisie capitaliste avaient sous les yeux, tous les jours, la souffrance de leurs esclaves, de leurs serfs, de leurs artisans, de leurs ouvriers. Ce n'est certes pas le cas de la classe compétitiviste : de même que les pilotes d'avion qui écrasent des villages entiers sous leurs bombes, cette classe dominante et ses collaborateurs ne voient pas la souffrance qu'ils causent quand, depuis leur conseil d'administration, réuni à New York ou à Tokyo, ils décident de fermer une entreprise à Charleroi (Caterpillar, par exemple) ou ailleurs, ou de faire travailler des enfants dans des mines de coltan au Kivu, ou des cousettes de T-shirt dans un immeuble branlant au Bangladesh !

permettant d'augmenter sans cesse la productivité du travail et de stimuler la consommation de produits nouveaux ;

d- les *agences de publicité*, qui savent comment créer des modes et manipuler les besoins des consommateurs pour leur faire acheter (en s'endettant) tout ce que ces entreprises sont capables de produire ;

e- *les cabinets d'avocats,* conseillers juridiques et fiscaux, qui savent comment contourner les lois pour organiser la fraude et l'évasion fiscales[27] ;

f- les *« lobbyistes »,* qui s'insinuent partout dans les appareils d'État pour soudoyer (et corrompre) les dirigeants politiques et administratifs ;

g- les *organisations internationales* qui imposent aux États d'adopter le modèle néolibéral et ses exigences en matière de finances publiques ;

h- de nombreux *hommes politiques* qui, résignés ou convaincus par le néolibéralisme, ouvrent les portes de leurs pays aux entreprises multinationales et acceptent les conditions qu'elles leur imposent.

Mais quand la classe gestionnaire change, *la classe productrice change également*, parce que le mode d'extraction du surplus n'est plus le même. Depuis des siècles, voire des millénaires, les humains ont inventé de nombreuses manières d'obliger une classe productrice à travailler pour une classe gestionnaire. Dans tous les cas, pour qu'une classe productrice aille travailler tous les jours, il faut *qu'elle y soit obligée par la privation de « quelque chose de vital »* : quelque chose qui lui manque, mais qu'une classe gestionnaire possède et dont elle contrôle l'accès. Prenons quelques

[27] Voir, sur le site https://pour.press/, les excellentes chroniques de Christian Savestre. Il démonte avec précision comment les cabinets de « fisco-trafiquants » (ceux qu'il appelle les « Big Four » : Deloitte, PwC, EY et KPMG) font gagner chaque année des milliards de dollars à la classe compétitiviste mondiale en l'aidant à pratiquer la fraude et l'évasion fiscales.

exemples pour ne pas rester dans l'abstraction. Ce « quelque chose de vital » peut être *une terre* : alors la classe productrice ira travailler pour un propriétaire foncier, ou lui donnera une partie de sa récolte, pour payer *la rente.* Cela peut être *de l'argent* dont elle a un besoin vital pour survivre : alors la classe gestionnaire sera le banquier qui le lui prêtera et la classe productrice ira travailler pour rembourser le capital et payer *l'intérêt* de sa dette. Cela peut encore être, comme dans le cas du capitalisme industriel des premier et deuxième âges, des *moyens de production* (des outils, un atelier) sans lesquels la classe productrice ne peut pas gagner sa vie : alors la classe productrice (le prolétariat) ira travailler pour produire *une plus-value,* que le patron-bourgeois s'appropriera. Ajoutons que rente, intérêt et plus-value ne s'excluent pas : ces formes du surplus sont combinables. En outre, le besoin vital dont souffre la classe productrice n'est pas toujours un objet matériel, mais peut aussi être culturel et donc psychologique : le besoin de sécurité physique (la peur d'être banni de la communauté, de ne plus être protégé, d'être emprisonné, de mourir de faim…) ou de sécurité morale (la peur de la damnation éternelle). Bref, ces besoins sont innombrables et ils peuvent même être savamment entretenus pas la classe gestionnaire elle-même, dans le but d'assurer sa propre reproduction.

Il va de soi qu'il est absolument *décisif,* pour orienter les luttes de classes (pour comprendre comment combattre une classe gestionnaire), de savoir *qui est la classe productrice et ce qui l'oblige à travailler ?* Dans le cas qui nous occupe ici, nous devons donc nous demander : *de quel besoin vital de quelle classe productrice la classe compétitiviste néolibérale profite-t-elle pour l'obliger à aller travailler tous les jours ?* La réponse me paraît tout à fait claire : *ceux qui forment aujourd'hui la classe productrice du capitalisme néolibéral vont travailler pour se payer tous les biens de consommation dont les besoins ont été créés par la manipulation idéologique de leur conscience.* Bien sûr, les biens qu'ils achètent ne sont, pour la plus grande partie, pas produits directement par eux, mais par d'autres travailleurs qui eux-aussi consomment. Mais ceux dont le surtravail fait aujourd'hui tourner la machine néolibérale, ceux qui sont indispensables à son « bon » fonctionnement, sans lesquels elle s'effondrerait, ce sont *les consommateurs et les emprunteurs manipulés* du monde entier, qui s'endettent auprès des banques pour acheter des biens et des services, dont ils ont à la fois envie et donc besoin, et qui travaillent ensuite dans n'importe quelles conditions pour payer leurs dettes. *Le besoin irrépressible d'acheter et d'emprunter* est aujourd'hui ce qui oblige des millions de gens aliénés par la publicité, à fournir un surtravail. Mais comment les appeler ? Ils sont consommateurs, clients, usagers, endettés, mais aussi travailleurs... Qu'ont-ils en commun ? Ce qui les oblige à aller travailler et à s'endetter, c'est le fait *d'être manipulés dans leurs besoins de consommation (de biens, de service et d'argent).* C'est donc une classe de « travailleurs-consommateurs manipulés ».[28] Pour faire court, je l'appellerai par la suite : ***la « classe consommactrice »***.[29]

On l'imagine facilement, si cette évolution change les classes sociales, *elle change forcément les luttes de classes* : c'est cela qu'il est

[28] L'idée que la nouvelle classe productrice ne serait plus la classe ouvrière, mais la classe consommactrice est certainement, pour des raisons idéologiques, la plus difficile à faire admettre par les mouvements sociaux d'obédience marxiste qui résistent au néolibéralisme. Cette idée est pourtant fondamentale pour réorienter efficacement l'action sociale et politique, comme nous le verrons dans la seconde partie de ce livre.

[29] La forme que prend le surplus est dans ce cas très intéressante. Prenons le cas, pas tout à fait imaginaire, d'un bien ou d'un service qui aurait été produit *uniquement par des robots*, sans aucune intervention du travail humain. Le bénéfice commercial, réalisé par la vente de ce bien ou de ce service sur le marché, ne pourrait pas être appelé plus-value (au sens marxiste du terme). Et comme ce ne serait non plus ni une rente ni un intérêt, ce serait purement un *bénéfice commercial*, payé par le consommateur à l'achat de ce bien ou de ce service.

fondamental de bien comprendre, si nous voulons en tirer toutes les conséquences pour l'action sociale et politique anticapitaliste d'aujourd'hui.

Chapitre III

La mutation du modèle culturel dans les sociétés modernes[30]

1- La force irrésistible de la culture

Avez-vous pensé parfois que l'être humain est un « animal de sens » ? Je veux dire par là qu'il a besoin de comprendre ce qu'il fait, de savoir pourquoi il le fait, de se donner de « bonnes raisons » de le faire, de justifier sa conduite devant les autres et devant lui-même. Bref, il a besoin de *se donner du sens*, dans le double sens du terme : *signification* (ce qu'il fait ne peut pas lui paraître absurde) et *orientation* (ce qu'il fait ne peut pas lui sembler arbitraire). Je suppose que la fourmi n'éprouve pas ce besoin. Pourtant, elle aussi est un « animal social » : elle joue ses rôles (fourmi ouvrière, fourmi soldat...) dans une division sociale du travail*, et elle est même capable de changer de rôle si un danger vient menacer la survie de son nid. Mais, que je sache, elle n'a pas besoin que les autres fourmis lui expliquent pourquoi il faut qu'elle remplisse tel rôle plutôt que tel autre, ni pourquoi il faut qu'elle en change : elle fait cela *d'instinct.* Nous aussi, obéissons à des instincts, mais, en plus de cela, nous avons besoin de donner du sens à ce que nous

[30] Ce chapitre a déjà été publié, sous le même titre et avec un contenu fort semblable, dans les actes d'un colloque organisé à Paris en mai 2019, sous la direction de Daniel Mercure et Marie-Pierre Bourdages-Sylvain. Les actes de ce colloque portent le titre : *Société et subjectivité : Transformations contemporaines*, et ont été publiés par les Presses de l'Université de Laval, en janvier 2021.

faisons, disons, pensons, ressentons. Pour nous faire faire des choses qui nous semblent absurdes ou arbitraires, il faut que nous y soyons contraints, et même dans ce cas, nous essayons d'y échapper ; et si c'est impossible, nous tombons malades (stress, *burn-out*), nous pouvons même nous laisser mourir ou nous suicider.[31] Ce qui donne ainsi du sens à nos conduites, c'est ce que la sociologie appelle un « modèle culturel ».

Les « modèles culturels » sont des ensembles structurés de principes éthiques, qui proposent aux membres d'une collectivité humaine le sens de leurs conduites : qui leur dit ce qu'ils doivent trouver bon, beau, vrai et juste de faire, de dire, de penser et de ressentir, s'ils veulent être considérés et se considérer eux-mêmes comme menant une « vie bonne », là où et quand ils la vivent. Ces « modèles » ne tombent évidemment pas du ciel (même ceux qui sont soi-disant « révélés » par une source divine) : ils sont produits par les acteurs sociaux pour justifier leurs conduites, pour se les expliquer à eux-mêmes et les faire comprendre aux autres. Ils doivent donner du sens, et donc être adaptés aux pratiques concrètes des acteurs : dès lors, ils sont différents d'une collectivité à l'autre, dans le temps et dans l'espace. Et quand les pratiques des acteurs changent dans telle(s) ou telle(s) collectivité(s), ils changent aussi le modèle culturel qui règne sur elle(s) : celui qui était en place cède peu à peu sa place à un nouveau. Dès lors, les croyances, qui hier donnaient du sens aux conduites, perdent progressivement de leur crédibilité (de leur pouvoir de persuasion), alors que celles qui sont porteuses d'un sens nouveau sont peu à peu en train de s'installer dans les mentalités et de se généraliser.

---

[31] Il faut bien réfléchir à cette « rage du désespoir ». Parfois, l'individu désespéré ne se suicidera pas tout seul dans sa chambre, mais en faisant autour de lui le plus de dégâts possible. Par exemple, en se faisant exploser dans un lieu public après avoir déchargé son fusil d'assaut sur tout ce qui bouge !

Un tel changement de modèle culturel régnant est précisément ce qui s'est produit, dans les sociétés modernes (capitalistes et socialistes), entre (environ) 1960 et aujourd'hui. Les pratiques ont changé : nous avons abandonné le capitalisme industriel protectionniste et national pour adopter le capitalisme néolibéral mondialisé, et nos sociétés sont ainsi passées du deuxième au troisième âge du capitalisme, comme nous l'avons vu au chapitre II. Du coup, le modèle culturel régnant a changé lui aussi : *nous sommes passés du modèle culturel progressiste de la première modernité au modèle culturel subjectiviste de la seconde.*[32] Cette mutation du modèle culturel s'est produite d'abord à un niveau superficiel, par le changement des discours des acteurs. Ceux qui imposent les nouvelles pratiques (la classe compétitiviste et les dirigeants des États) s'efforcent de justifier leur domination en produisant *une nouvelle idéologie* : ils invoquent des raisons d'intérêt général pour justifier leurs intérêts particuliers. Ceux à qui cette domination est imposée (la classe consommactrice) s'efforcent de justifier leur résistance à ces nouvelles pratiques en produisant *une (ou plusieurs) nouvelle(s) utopie(s)* : ils projettent un monde idéal, un avenir radieux, où l'intérêt général serait enfin réalisé, un monde sans culte du profit, de la performance, de l'argent, un monde sans croissance. Mais c'est à un niveau plus profond, *sous les arguments idéologiques ou utopiques* que les acteurs utilisent, qu'on peut trouver les principes de sens d'un modèle culturel commun aux dominants et aux dominés. C'est ce que nous allons voir maintenant.

---

[32] Alain Touraine, dans son dernier livre (*Défense de la modernité*) désigne cette seconde modernité par le mot : *« hypermodernité »*. Elle serait plus « hyper » que jamais au cours de l'histoire, parce que *la capacité créatrice (et destructrice) du sujet humain (individuel et collectif)* aurait atteint un sommet plus élevé que celui qu'elle avait atteint jusqu'alors, non seulement dans les sociétés régies par des modèles culturels religieux (celui du Moyen Âge) ou juridico-politiques (celui des cités marchandes), mais aussi, au cours de la première modernité, sous le règne du modèle culturel progressiste.

2- Le modèle culturel progressiste des sociétés industrielles

Ce modèle fut celui de la première modernité. Il s'est mis en place à partir du « siècle des Lumières », au départ du pays qui a réalisé la première révolution industrielle, la Grande-Bretagne. Ensuite, il s'est répandu en Europe et a inspiré les réformes et les révolutions qui étaient alors en gestation : il s'est imposé vers la fin de XVIIIe, en France, en Belgique (Wallonie), aux États-Unis, et plus tard, en Allemagne. Dans le courant du XIXe, il s'est répandu dans le reste de l'Europe et dès le début du XXe siècle, il a été diffusé dans le monde entier par la colonisation. Les principes éthiques de sens (les croyances) de ce modèle culturel étaient les suivants :

a- *Le Progrès* : les sociétés industrielles valorisaient[33], avant tout, le bien-être matériel de leurs membres. Leur rapport à la nature était donc essentiel, puisque c'était d'elle qu'ils tiraient les biens nécessaires à l'amélioration de leurs conditions de vie. Ce que ces sociétés valorisaient donc avant tout, c'était la maîtrise prométhéenne de leur environnement naturel : il s'agissait de le connaître (par la science), de mettre au point des outils pour le maîtriser (par la technique) et de le transformer pour en extraire tous les biens utiles (par le travail). Bref, ces sociétés croyaient que le Progrès (demain sera meilleur qu'hier) résulterait de cette maîtrise de l'humain sur le naturel.

b- *La Raison* : se sentant ainsi destinées à maîtriser la nature, ces collectivités se sentaient aussi capables de maîtriser leur vie politique, sans qu'elles aient besoin de recourir ni à Dieu ou ses

---

[33] Que j'en parle à l'imparfait ne signifie pas que ce modèle culturel ait disparu de la surface du globe terrestre. Il est encore bien présent dans beaucoup de collectivités humaines, y compris dans les nôtres. Un modèle culturel ne disparaît pas : il s'affaiblit et est surpassé et redéfini par un autre qui prend sa place.

prétendus représentants (les clercs), ni à une espèce soi-disant « supérieure » d'humains (les rois, l'aristocratie). Elles se croyaient capables de gérer elles-mêmes l'ordre politique en se servant de la Raison, tant dans sa dimension rationnelle (par la Science) que dans sa dimension raisonnable (par la Démocratie : la volonté majoritaire du peuple dans la nation).

c- *L'Égalité* : la conséquence de ce qui précède est que tous les humains étaient considérés comme égaux en droit et destinés à le devenir en fait. Accepter d'être traité comme les autres était légitime, vouloir jouir d'un privilège ne l'était plus. Cela ne veut pas dire cependant qu'il n'y avait plus d'inégalités sociales. En effet, les inégalités étaient légitimées par le principe d'utilité, donc par la contribution de chacun au bien commun (certaines catégories sociales étaient donc considérées comme plus utiles que d'autres, qui l'étaient moins, ou ne l'étaient pas du tout, ou même étaient nuisibles).[34] Cette Égalité devait résulter de la solidarité collective et être financée par l'impôt ou par les charges salariales. L'État détenait le droit d'exercer la violence pour faire respecter ce contrat social. Il garantissait ainsi la liberté civile, la sécurité des personnes et la propriété privée de leurs biens.

d- *Le Devoir* : on comprend ainsi que ces sociétés valorisaient le travail, l'effort, l'instruction, la volonté de mobilité sociale, la capacité de maîtriser les passions, de différer le plaisir, de tolérer la souffrance : plus la vie était dure, plus elle était valorisée. Dès lors, le Devoir accompli par les individus au service du collectif, dans l'exercice de leurs multiples rôles sociaux (fils/fille, mari/épouse, père/mère, élève/enseignant, citoyen/citoyenne,

---

[34] La « Déclaration des droits de l'homme » d'août 1789, juste après la Révolution française, est très claire sur ce point : « Art. 1er. *Les hommes naissent et demeurent libres et égaux en droits. Les distinctions sociales ne peuvent être fondées que sur l'utilité commune.* ». Même s'il avait été libéré de l'esclavage et du servage, l'individu n'était pas le principe central de sens du modèle culturel progressiste : il n'était pas sujet *de lui-même*, mais de la collectivité dans laquelle il vivait et à laquelle il devait être utile.

travailleur/travailleuse, etc.) était fortement valorisé par ce modèle culturel.

e- *La Nation* : enfin, le monde industriel s'organisait sur l'espace territorial de la Nation souveraine. Chaque citoyen était invité à – et même contraint de se sacrifier, et au besoin, de mourir ! – défendre sa Patrie. Et l'ordre externe était un ordre international (entre nations), où l'ingérence d'un État dans les affaires intérieures d'un autre État était intolérable.

Tels étaient les principes ultimes de sens qui ont régné sur les sociétés industrielles. Il importe, j'y insiste, de *ne pas les confondre ni avec les idéologies des dominants, ni avec les utopies des dominés.* Les principes de ce modèle culturel, interprétés par les acteurs dans les luttes entre les dominants et les dominés, ont donné naissance aux quatre grandes voies du développement industriel que furent : le libéralisme (Grande-Bretagne, États-Unis) ; le nationalisme (qui, poussé à l'extrême devint le fascisme : Allemagne, Italie, Espagne, Japon) ; le communisme (Russie soviétique et pays satellites) ; et la social-démocratie (pays scandinaves, et certains autres pays européens).

3- Le modèle culturel subjectiviste des sociétés néolibérales actuelles

Les profondes mutations dans les pratiques (technologiques, économiques, politiques, sociales, et internationales : voir chapitre I) que nos pays ont connues ont entraîné à la fois un affaiblissement de la crédibilité des principes de sens du modèle culturel progressiste et leur remplacement, au cours du dernier tiers du XXe siècle, par de nouveaux principes de sens, ceux du modèle culturel subjectiviste.

a- Le Progrès est soumis aux exigences de la Qualité de la vie

Hier, tout ce qui pouvait être considéré comme un progrès était reçu comme *évidemment bon.* Ce n'est plus le cas aujourd'hui, pour deux raisons : l'une écologique, l'autre éthique. Certaines innovations technologiques mettent en danger des biens naturels (notamment l'eau) ou perturbent des équilibres que l'on estime devoir préserver (notamment le climat). De même, certaines découvertes techniques posent des problèmes éthiques complexes (notamment les manipulations du génome humain). Il ne s'agit pas de renoncer au progrès, mais de le critiquer, d'en faire voir les limites, de lui faire rendre des comptes, de *le mettre au service de quelque chose de plus important, donc de plus ultime que lui.* Quel nom faut-il donner à ce nouveau principe de sens ? Il semble que cette critique du progrès renvoie à l'idée de *« Qualité de la vie »*. Les gens veulent un autre rapport à la nature : de préservation, de protection, d'intégration. Ils veulent encore consommer tout ce que les avancées technologiques d'aujourd'hui peuvent leur offrir, mais ils veulent aussi se protéger contre la manipulation de leurs besoins, consommer des produits durables, sains, sûrs, éthiques, équitables et esthétiques, qui ne mettent en péril ni leur santé ni l'environnement, pour eux-mêmes et pour les générations futures.

b- La Raison est moins idéologique et plus pragmatique

Hier, la participation à la vie politique était un devoir (le « devoir citoyen ») et la volonté d'une majorité d'électeurs était censée être bonne pour l'intérêt général, *puisque majoritaire* (loi du nombre). Cela ne suffit plus aujourd'hui.[35] La démocratie

---

[35] On pourrait même aller jusqu'à dire que cela est dérisoire : pourquoi une décision serait-elle bonne, seulement parce qu'elle a été prise par 51 % de ceux qui l'ont votée ? Pourquoi serait-elle meilleure que si elle avait été prise par une minorité de gens, mais bien informés, expérimentés, remplis de savoir et de sagesse (des philosophes, des experts, des scientifiques), ou appartenant à une espèce humaine que l'on croit supérieure (les clercs, les

parlementaire représentative connaît une crise profonde et durable : les citoyens se méfient, bien plus qu'hier, des politiciens, de leurs « beaux discours » et de leurs « belles promesses » ; la délégation de pouvoir à des représentants est accusée de trahir l'intérêt général parce que les partis politiques s'occupent des intérêts particuliers de leurs membres et de leurs électeurs. On veut donc une démocratie plus transparente, moins corrompue, plus respectueuse de la morale, moins idéologique, plus attentive aux conseils des experts, plus pragmatique, plus responsable, plus décentralisée et plus participative (démocratie directe). En outre, la participation aux élections est devenue davantage un droit qu'un devoir, ce qui implique que le citoyen ne se sent plus obligé de voter et que les taux d'abstention augmentent partout où le vote n'est pas obligatoire.

c- L'Égalité est remplacée par l'Équité et l'Identité

Hier, les groupes de pression ou les mouvements sociaux défendaient leurs intérêts en revendiquant des avantages égaux : à utilité égale, même rétribution (*« à travail égal, salaire égal »*). Ce n'est plus tout à fait le cas aujourd'hui. C'est moins l'égalité réelle qui importe, que l'Équité, c'est-à-dire *l'égalité des chances, de mérite et de sens civique. « À chacun selon ses besoins »* est devenu *« à chacun selon ses mérites »*. En outre, les acteurs veulent maintenant disposer d'un traitement adapté à leur singularité identitaire. Hier, ils concevaient leur intérêt en termes de redistribution des richesses (d'Égalité), à laquelle ils avaient droit parce qu'ils contribuaient plus que d'autres (Utilité) ; ils le conçoivent maintenant en termes de reconnaissance de leur Identité : être jeune, être vieux, être femme, être homosexuel, être Noir, être Juif, etc. Dès lors, les *revendications identitaires* (individuelles et/ou collectives) sont

---

aristocrates) ? Tout cela n'est qu'une affaire de croyances culturelles différentes.

devenues plus importantes que celles qui concernent l'égalité (sans les avoir éliminées).

d- Le Devoir est remplacé par le Droit

Hier, la société disciplinaire imposait à chacun de faire son devoir et l'individu était prié de se soumettre au contrôle social des groupes auxquels il appartenait. *« Tu pourras aller jouer quand tu auras fini tes devoirs »*, me disait toujours ma mère ! Aujourd'hui, cet individu veut qu'on respecte *son droit de jouir des ressources nécessaires à son épanouissement personnel* (éducation, santé, information, sécurité, loisirs, pouvoir d'achat…). Puisqu'il a le droit de choisir sa vie et de se réaliser comme personne singulière, il veut aussi que la société lui en donne les moyens. Il n'est plus question, dans une relation sociale, de se revendiquer d'un statut supérieur pour imposer sa conduite à un autre. Il est fini le temps où l'on pouvait – en frappant du poing sur la table ! –, dire à ses enfants, à ses élèves, à sa femme, à son ouvrier : *« c'est comme ça, parce que c'est comme ça, parce que je suis ton père, ton prof, ton mari, ton patron ! »* Non. Aujourd'hui, on ne peut plus se revendiquer d'un statut social supérieur pour justifier le respect des normes : il faut donner de bons arguments (et c'est difficile[36]), il faut savoir expliquer pourquoi *« c'est comme ça »*, et s'ils ne sont pas assez convaincants, on risque de ne pas être obéi ou d'entrer en conflit.

e- La Nation est remplacée par le local et le global

Enfin, avec la construction des grands ensembles économiques et politiques, avec la diffusion mondiale des produits culturels, on voit s'atténuer peu à peu la croyance en la Nation, en la Patrie. La

[36] Trouvez-moi une bonne raison pour justifier qu'un enfant ne puisse pas mettre ses coudes à table ou ses doigts dans son nez ! Et tant d'autres normes du même acabit.

Nation a maintenant *des comptes à rendre à plus grand et à plus petit qu'elle.* Les identités territoriales ne s'effacent pas, mais elles se déplacent, *au-delà et en deçà de la Nation* : au-delà, les gens se sentent « citoyens du monde » ; en deçà, ils revalorisent leur « terroir », leur culture locale, la large autonomie, voire l'indépendance de leur région (Catalogne, Écosse, Flandre…). Ainsi, le global (mondialisation) et le local (régionalisation) s'articulent en des réseaux complexes.

4- Modèle culturel, idéologie et utopie

Je qualifie de « subjectiviste » le modèle culturel qui règne sur les sociétés capitalistes d'aujourd'hui, *parce qu'il prend sa source dans le sujet.* Il appelle chaque individu à *être sujet de lui-même* (à n'obéir qu'à sa conscience) et *acteur de son existence personnelle.* Telle est la définition que la culture régnante lui propose de la « vie bonne », celle qui a du sens, celle pour laquelle il vaut la peine de vivre sa vie. Même si, dans une certaine mesure, d'autres modèles culturels qui ont régné avant celui-ci[37] reconnaissaient aussi une valeur à l'individu, ils l'assujettissaient toujours à quelque principe de sens plus important que lui : la société, la religion, la nature. Pour la première fois dans l'histoire de l'Europe occidentale, la culture autorise, invite, incite et même *somme* les individus de se débrouiller dans le monde, avec les contraintes de la vie économique, sociale et politique, de s'en remettre à eux-mêmes, de se conduire de manière autonome, d'être responsables de leur

[37] J'en ai distingué au moins quatre, qui ont régné avant le modèle subjectiviste dans l'histoire de l'Europe : le modèle civique (celui de la Cité grecque), le modèle aristocratique (celui de la Rome antique), le modèle chrétien (celui de l'Europe occidentale au Moyen Âge) et le modèle progressiste (celui des premières sociétés modernes). À chaque fois, la définition de la « vie bonne » est différente, mais jamais dans le passé, l'« individu-sujet-acteur » n'avait été le principe central de sens.

existence, d'être « entrepreneurs » de leur propre destinée, donc de suivre leur conscience. Être sujet de soi-même signifie obéir aux « commandements » du « dieu » sujet[38] : « *sois toi-même* », « *choisis ta vie et décide pour toi* », « *ne souffre plus* » (dans ton corps, dans ta tête et dans ton cœur), « *sois prudent* » (dans cette société du risque), « *sois tolérant* » (les autres ont les mêmes droits que toi).

Réussir à se conformer à de telles injonctions est bien difficile, direz-vous. C'est vrai ! Mais comme le disent parfois A. Touraine et Ch. Taylor, ce n'était pas plus facile d'être un bon citoyen chez les Grecs, un soldat héroïque chez les Romains, un saint au Moyen Âge, un « homme ordinaire » (qui travaille et qui élève ses enfants) dans la société de la première modernité. Cependant, je pense que c'est tout de même *plus difficile encore d'être sujet de soi-même* : comment choisir sans avoir aucune expérience et sans savoir ce qu'on veut ?[39] ; comment avoir le courage de travailler assez pour réussir ? ; comment forcer la chance ? ; comment aider les autres et se faire aider par eux ? ; comment savoir qui on est et ce qu'on veut être, dans une culture dont les injonctions sont tellement vagues ?[40] Ce modèle culturel subjectiviste est rempli de pièges, dont le pire est que cette culture – qui fait rêver (les jeunes surtout) aussi haut, aussi grand –, règne sur une société néolibérale qui ne donne pas à tous, loin de là, les ressources dont ils auraient besoin pour réaliser leurs rêves. Pour beaucoup d'entre eux, « *tout est permis, mais rien n'est possible* » ! Et ce décalage entre les attentes et les ressources explique beaucoup de choses : délinquance, drogue, rage, violence, terrorisme…

---

[38] Comme il y avait des « commandements de Dieu » quand le dieu régnant était Dieu ! Ce qui me fait dire que le Sujet est devenu le *dieu culturel*, qui règne aujourd'hui, en conflit avec un *dieu idéologique* : le Marché.

[39] « Le plus difficile sera de ne pas perdre sa vie pour la gagner ! » m'a dit mon fils. À dix-huit ans, il avait déjà compris dans quel monde il vivait !

[40] Ce n'était pas plus simple d'obéir aux « dix commandements de Dieu », mais au moins, c'était clair !

Idéologie néolibérale

Si le modèle culturel est subjectiviste, l'idéologie néolibérale, elle, est bien *individualiste*. Elle offre une interprétation de la « vie bonne » telle que la conçoit la classe compétitiviste du capitalisme d'aujourd'hui. Cette classe offre, à ceux qui veulent l'entendre, une conception particulière du sujet. Selon elle, être sujet de soi-même, ce serait être un *Consommateur* insatiable, un *Compétiteur* impitoyable et un *Communicateur* infatigable : un « individu CCC ». Évidemment, cette interprétation coïncide exactement avec les intérêts de cette classe dominante : c'est elle qui, en manipulant les besoins des consommateurs, leur fait désirer tous les gadgets technologiques que les entreprises produisent et vendent, par lesquels ces consommateurs-compétiteurs-connectés occupent exactement la position de la nouvelle classe dominée, la classe consommactrice.

Utopies anticapitalistes

En revanche, cette classe consommactrice n'a pas encore, jusqu'aujourd'hui du moins, formulé une utopie crédible (comme celle que Marx avait formulée pour le premier âge du capitalisme). On sent bien que, partout, des acteurs recherchent cette utopie, mais qu'ils ont bien du mal à l'expliciter. Ils la cherchent en ordre dispersé : de la « décroissance » à la « simplicité volontaire », en passant par la « transition » et l'« économie sociale solidaire » ! La classe consommactrice n'est pas encore assez consciente de son identité propre, elle ne sait pas au juste qui est son adversaire, elle n'est pas organisée, donc pas unie ; elle n'a pas de projet commun qui pourrait souder une solidarité entre ses membres autour d'un enjeu clairement formulé ; et bien sûr, elle n'a pas découvert encore les méthodes de lutte qui lui permettraient d'obliger la classe compétitiviste à tenir compte ses revendications. Bref, cette nouvelle classe dominée s'engage dans des luttes extrêmement divisées et dispersées et reste ainsi impuissante. On peut – on doit

– réclamer l'impossible (l'utopique), mais pour que cela ne reste pas une simple illusion, juste un discours, il faut se doter, – comme a su le faire le mouvement ouvrier –, d'une organisation capable de conduire le processus, de poursuivre la lutte dans la durée, jusqu'à sa victoire, toujours provisoire. Or, ce n'est pas le cas aujourd'hui !

Chapitre IV

Le changement socioculturel dans la vie quotidienne

La mutation du modèle culturel, qui a fait l'objet du chapitre précédent, est observable dans les conduites concrètes des gens : elle marque toutes les relations sociales de leur vie quotidienne. Le capitalisme, en entrant dans son troisième âge, a changé la hiérarchie de leurs valeurs et de leurs intérêts, et change peu à peu leurs habitudes, leurs normes de conduite et leurs affects (surtout chez les plus jeunes) : ils ne pensent plus du tout comme ceux d'il y a trente, quarante ou cinquante ans. La signification de « *mener une vie bonne* » est devenue très différente. Cela change, plus ou moins radicalement, leur manière de pratiquer les relations sociales qui forment le tissu de leur vie de tous les jours. Surtout, ne portons pas de jugement sur cette évolution : les gens (notamment les jeunes) d'aujourd'hui ne sont ni meilleurs ni pires que ceux d'hier, mais ils ont d'autres valeurs. Pour les comprendre, nous devons apprendre à nous « décentrer », de la même manière qu'il faut savoir le faire pour comprendre les gens qui vivaient au Moyen Âge ou ceux qui vivent dans d'autres cultures (musulmane par exemple).

J'invite donc les lecteurs à se distancier, en prenant connaissance des résultats d'une vaste enquête menée sur les jeunes, principalement en France. Les tendances[41] décrites ci-

[41] Évidemment, ce ne sont que des tendances et parfois, elles reviennent en arrière. Mais, dans l'ensemble, elles se renforcent, tantôt plus, tantôt moins, à mesure que le temps passe.

dessous ont été formulées à partir des résultats des enquêtes européennes sur les valeurs, et des travaux des sociologues qui les ont analysés.[42] Il ressort de ces enquêtes que les plus réceptifs aux valeurs véhiculées par le modèle culturel subjectiviste sont (comme on pouvait s'y attendre), les plus *jeunes*, les plus *instruits*, les plus *urbanisés* et les moins *religieux*. Cependant, si ces individus sont bien les plus disposés à accepter ces nouvelles valeurs, celles-ci se répandent dans toutes les catégories sociales de la population. Comme l'observe Olivier Galland, d'une décennie à l'autre, les valeurs des différents groupes d'âge tendent à se rejoindre, ce qui signifie que la culture subjectiviste s'installe et prend racine. On note aussi que les différences d'opinions entre les hommes et les femmes se réduisent de plus en plus : si les hommes d'aujourd'hui ne pensent plus comme ceux d'hier, ce changement est bien plus important et plus rapide chez les femmes ! Je crois même pouvoir affirmer que ce qui, peu à peu, libère les femmes de la (très vieille) domination masculine, c'est précisément cette mutation culturelle, car elle rend leurs revendications légitimes, tant dans leur vie intime et familiale que dans leurs activités professionnelles, de même que les domaines politique ou religieux.

En distinguant les différents champs relationnels de leur vie quotidienne, voici très brièvement et avec quelques commentaires, les tendances qui se dégagent de ces analyses.

---

[42] Sous l'égide de l'Union européenne, des sociologues organisent tous les neuf ans (depuis 1981), dans tous les pays de l'Union, un *European Values Survey* (EVS). Un long questionnaire est passé à des échantillons représentatifs de la population de chaque pays ; on recueille ainsi les opinions des gens sur toutes sortes de questions : la famille, le travail, les loisirs, l'éducation, la religion, la morale, la politique, l'économie, l'environnement, la sociabilité, etc.

Quelles sont les valeurs auxquelles les jeunes croient ?

1- La famille

Les jeunes valorisent la famille plus que toute autre institution. On peut comprendre que, dans la « société du risque » qui les entoure, leurs parents soient leur seule vraie certitude : la bouée de sauvetage qui, en principe du moins, ne leur fera pas défaut, quoi qu'il arrive. Ils ont en quelque sorte *le droit* de compter sur eux. Et leurs parents acceptent de jouer ce rôle, leur reconnaissent ce droit : ils comprennent qu'ils doivent être solidaires de leurs enfants. Ces jeunes attachent cependant une grande importance à leur autonomie personnelle : ils veulent (se) prouver qu'ils sont capables de voler de leurs propres ailes. Mais, comme c'est très difficile de ne pas « perdre leur vie en voulant la gagner », de concilier ce qu'ils aiment faire et ce qu'ils doivent faire, ils ont besoin de savoir qu'ils peuvent, en cas d'échec, revenir en arrière, « retomber sur leurs pattes » dans leur « filet de sécurité » familial. En revanche, ces jeunes n'estiment plus (en tout cas moins qu'avant) qu'il est de leur devoir de se sacrifier pour leurs parents. Bref, entre leurs parents et eux, une solidarité de sang s'est renforcée. Une solidarité très valorisée, mais qui ne peut pas devenir un sacrifice, une pesante obligation : elle doit être plus librement consentie que jadis.

2- L'amour, le couple, les enfants

Les jeunes se marient moins et plus tard, divorcent davantage et plus tôt, font moins d'enfants et à un âge plus avancé, et se remarient moins à la suite d'un divorce. Bref, ils hésitent à se mettre en couple : ils ne le font en moyenne qu'un peu avant trente ans et parfois, après plusieurs essais manqués. Beaucoup préfèrent d'ailleurs ne pas se marier : ils négligent la formalisation juridique, préférant parfois le « pacte civil de solidarité » (PACS). Ils condamnent l'adultère et valorisent fortement la fidélité, mais il faut que celle-ci, elle aussi, soit librement acceptée : ils veulent « *Vivre libres ensemble*[43] ». D'ailleurs, le divorce ayant été dépénalisé, mieux vaut se séparer (sans drame ni culpabilité) que de tromper son (sa) partenaire et vivre dans le mensonge. Les couples savent que l'amour n'est pas éternel : ils durent « *tant qu'on s'aime* », mais pendant ce temps, ils veulent de la sincérité, de l'authenticité et de la solidarité dans la liberté. Bien entendu, des attentes réciproques plus exigeantes que celles de leurs aînés, combinées avec un contrôle social beaucoup moins répressif, ne peuvent qu'engendrer des liens affectifs plus précaires, donc moins durables (cinq ans en moyenne pour un couple). De même, ils choisissent de faire des enfants s'ils en veulent, et ils savent comment les éviter s'ils n'en veulent pas, grâce à des moyens contraceptifs et, au besoin, à l'interruption volontaire de grossesse qui, elle aussi, a été dépénalisée. Ils respectent le choix de l'homosexualité, même s'ils pensent encore que les enfants ont besoin, pour s'épanouir, d'avoir, de préférence, une mère et un père. Les valeurs qu'ils veulent enseigner à ces enfants sont surtout la tolérance, le respect des autres, les bonnes manières, le sens des responsabilités.

3- L'école

Les plaintes des enseignants vis-à-vis de leurs élèves sont plus ou moins les mêmes partout, dans les « écoles de riches » et dans celles des couches populaires : ils les jugent indisciplinés *(rapport à l'autorité)* et plutôt paresseux *(rapport au travail)*. Parfois, certains vont jusqu'à dire qu'« *ils n'ont plus de valeurs* », ce qui est évidemment faux, mais c'est ce qu'ils retiennent de leur expérience pédagogique. En revanche, ce qui est certain, c'est que le rapport des jeunes au travail a beaucoup changé (voir plus loin, le point 5), ainsi que leur rapport à l'autorité. Les jeunes croient que, dans le monde où ils vivent, l'éducation est indispensable à leur

[43] Titre très significatif d'un livre de François de Singly.

épanouissement personnel et à leur gagne-pain. Dès lors, ils estiment qu'ils y ont droit. Puisqu'ils y ont droit, ils ne veulent plus vivre leur rapport à l'école comme une obligation qu'il faut bien supporter jusqu'à dix-huit ans, mais comme une institution qui fournit des services à des « clients », acheteurs. Du coup, les enseignants ne peuvent plus, comme avant, exercer sur eux une autorité statutaire (fondée sur leur statut supposé « supérieur ») et disciplinaire (fondée sur des normes que l'école édicte elle-même sans consulter personne). Les élèves veulent que les normes aient un sens, une justification, et qu'elles aient été édictées *en concertation avec eux.* Dès lors, étant donné que les contraintes du métier d'enseignant rendent cette consultation pour le moins improbable, sinon impraticable, leurs élèves ne respectent plus leur autorité, sauf (chez certains d'entre eux) s'ils risquent de rater leur année à cause de leur indiscipline ou de leur manque de travail ! D'où le problème des décrochages scolaires.

4- La sociabilité

Depuis les années 1980, on voit se renforcer la tendance à la *valorisation des liens sociaux privés* (la famille et les amis). Les jeunes accordent une importance croissante à l'intimité, à la convivialité et aux loisirs, et ils aiment se faire des amis à condition de les choisir eux-mêmes. Cette tendance s'accompagne cependant d'un corollaire qui peut sembler paradoxal : un relatif sentiment de méfiance croissante vis-à-vis « des autres » en général. Ce corollaire a cependant besoin d'être précisé. Ils se disent tolérants, permissifs et respectueux des différences, mais ils appliquent surtout cette attitude à la sphère privée (la famille, les amis). Si on élargit le cercle, leur tolérance devient plus sélective : ils sont plus respectueux de certaines différences ethniques et culturelles (moins racistes qu'avant vis-à-vis des Noirs, des Juifs, des Musulmans…) ; mais ils sont plus intolérants pour d'autres, surtout dans la sphère publique : ils ne tolèrent ni l'incivisme (la corruption, la fraude fiscale ou sociale), ni l'extrémisme (surtout de droite), ni le fanatisme (la violence, le terrorisme). Ils n'aiment pas non plus les voisins ou les inconnus qui peuvent perturber leur sécurité : les drogués, les alcooliques, les délinquants… et ils n'aiment toujours pas les Gitans ! On observe aussi que les identités collectives se structurent moins qu'avant sur le critère de l'appartenance nationale. Ainsi, quand on leur demande de nommer spontanément leurs groupes d'appartenance les plus importants (ces phrases qui commencent par « *je suis* »), ils citent souvent des groupes civils (professionnels, confessionnels ou associatifs), mais aussi certains groupes territoriaux (l'identité locale, régionale, ou même mondiale). Il semble cependant que le territoire de référence ait tendance à devenir, soit plus petit (le terroir), soit plus grand (le monde) que la nation, même si celle-ci reste importante (surtout quand certains événements viennent la réveiller[44]). Quant à l'identification à l'Europe, elle aurait plutôt tendance à diminuer, à cause de la mauvaise réputation de ses institutions. Enfin, les jeunes détestent le contrôle social que les groupes exercent sur eux (sur leurs conduites et leurs opinions), et donc, leur implication dans ces groupes est limitée : ils veulent se sentir libres d'y entrer et d'en sortir comme ils l'entendent (cela a des conséquences très importantes pour l'action collective (chapitre X).

5- Le travail

Contrairement à une idée reçue, les jeunes d'aujourd'hui n'attachent pas moins d'importance au travail que ceux d'hier. Mais ils lui donnent un autre sens : ils le valorisent beaucoup parce qu'ils le considèrent comme un vecteur important de leur

---

[44] Comme, par exemple, la victoire, ou l'espoir de remporter la coupe du monde de football. Les jeunes comme les vieux continuent à chanter à tue-tête, et sans trop réfléchir à ce qu'ils disent : *« qu'un sang impur abreuve nos sillons » !* On n'ose pas encore changer les paroles de « *La Marseillaise* », mais cela ne va pas tarder !

réalisation personnelle. De leur emploi, comme leurs aînés, ils attendent bien sûr un bon salaire, et aussi une certaine sécurité, mais aussi (et surtout) une bonne ambiance, une grande autonomie de décision et une occasion de prendre des responsabilités, de rencontrer des gens intéressants, de déployer leurs capacités et d'être reconnus. Ils sont cependant réalistes : en temps de crise, quand les emplois sont plus rares, ils se montrent moins exigeants. Ils estiment aussi (toujours contrairement à une idée reçue), que travailler est un devoir vis-à-vis de la société et qu'il est humiliant de vivre aux crochets de la solidarité instituée. Mais en même temps, ils estiment aussi que les États ont des devoirs envers eux. Il y a certainement parmi eux des « profiteurs », mais ils sont beaucoup moins nombreux que ce que les autorités publiques supposent (ou ont intérêt à supposer, pour pouvoir justifier la sévérité des critères d'accès à l'aide sociale). Par ailleurs, il semble que les jeunes s'habituent peu à peu à la « nouvelle culture d'entreprise »[45], c'est-à-dire à plus de flexibilité (et du même coup, à moins de sécurité d'emploi, à des changements plus fréquents d'employeur, au risque de vivre des périodes de chômage), à plus de compétitivité (rémunération au mérite), à plus d'implication (initiative personnelle, respect de l'autorité quand elle est convaincante). On peut comprendre ainsi le déclin progressif du syndicalisme : quand les employeurs leur demandent leur avis, ils s'impliquent plutôt dans des « cercles de qualité ».

6- La politique

On constate une baisse de confiance des citoyens, surtout des plus jeunes, dans les institutions chargées de gérer l'ordre politique : le pouvoir exécutif (les gouvernements et leurs administrations ; les institutions européennes sont les plus décriées), le pouvoir législatif (les partis politiques, les parlements

---

[45] Moins cependant en Europe qu'en Amérique du Nord (USA et Canada), où cette nouvelle culture est bien plus valorisée.

nationaux et européens) et le pouvoir judiciaire (les tribunaux). Cependant, les instances qui exercent le pouvoir répressif (la police, l'armée) semblent moins touchées par cette méfiance (parfois elles sont même revalorisées).

Les jeunes ne sont pas convaincus que l'État soit capable d'apporter des solutions à leurs problèmes. S'ils réaffirment pourtant leur foi dans la démocratie, ils la critiquent très durement : les politiciens seraient des démagogues, ils ne tiendraient pas leurs promesses, ils seraient corrompus, ils ne s'intéresseraient qu'à servir leur clientèle pour être réélus aux prochaines élections. Dans l'ensemble, les jeunes se disent plutôt centristes, ce qui veut dire qu'ils renvoient dos à dos la droite et la gauche, que cette « géographie politique » a perdu une grande partie de son sens. Ils sont parfois tentés par l'avènement d'un « homme fort » ou par un gouvernement de techniciens experts. Si bien que, de l'État, ils attendent surtout de la sécurité physique. Quant aux médias, ils ont tout intérêt à répercuter cette tendance générale : dénoncer la corruption et autres scandales est devenu leur « fonds de commerce » parce que cela fait de l'audience, donc des recettes publicitaires.

7- L'avenir

Ils ne croient plus que demain sera meilleur qu'hier (Progrès) : ils pensent être la première génération qui connaît un niveau de vie inférieur à celui de leurs parents. L'avenir de la société leur paraît plein d'incertitudes : insécurité physique et affective, manque d'emplois, menaces sur l'environnement et sur la santé, fragilité des liens sociaux, méfiance vis-à-vis de la politique… Cependant, leur pessimisme concerne surtout l'avenir *du collectif*, et ne les empêche pas d'être plus optimistes quant à leur destinée personnelle : une large majorité de jeunes se disent heureux et leur satisfaction dans la vie ne fait qu'augmenter. Cette contradiction n'est paradoxale qu'en apparence : puisque le modèle culturel régnant les appelle à se charger eux-mêmes de leur destinée individuelle, ils y croient (ils se doivent d'y croire) et sont optimistes ; mais puisqu'ils estiment aussi que l'État est mal géré et manque de ressources, ils craignent le pire, se méfient et sont pessimistes.

8- Le civisme et la chose publique

Leur méfiance vis-à-vis de la politique ne doit pas être interprétée comme un manque d'intérêt pour la chose publique (autre idée reçue au sujet des jeunes). Au contraire, on assisterait plutôt à un retour du civisme : tout le monde est plus soucieux de civisme en 2010 qu'en 1980 ! Les jeunes manifestent, réclament plus de transparence et d'honnêteté, stigmatisent les fraudeurs, les resquilleurs, les pollueurs, exigent plus de sécurité, apprécient l'ordre. Leur participation politique revêt cependant d'autres formes, celles de la « participation protestataire » : ils signent des pétitions et participent à des manifestations ponctuelles. Ils se font volontiers membres d'associations, mais surtout de celles dont les buts sont culturels, sportifs ou ludiques (plus que sociaux ou politiques). Comme je l'ai mentionné ci-dessus, leur implication dans des organisations d'action collective se veut limitée : ils veulent décider eux-mêmes d'y entrer et d'en sortir ; ils refusent les délégations de pouvoir (ils se méfient des délégués qui se font « récupérer ») et ils préfèrent les débats en assemblée, qu'ils assimilent à la démocratie directe, même si elle est fort peu démocratique. Comme on l'a vu récemment, certaines grandes causes collectives, comme le climat, ont pourtant encore la vertu de les mobiliser : il est vrai qu'ils sont directement concernés par l'héritage qui sera le leur.

9- L'économie

La légitimité de la vision libérale de l'économie a progressé surtout dans les années 1975-1990. Cependant, depuis une vingtaine d'années, la conscience de la nécessité d'une intervention de l'État pour réguler l'économie et limiter les dégâts de la concurrence augmente aussi, chez tous, mais surtout chez les jeunes. Il s'agit donc d'un retournement de tendance. Les jeunes sont plutôt déçus par le néolibéralisme. Ils ne font plus confiance aux entreprises pour assurer l'intérêt général et croient moins aux vertus de la compétition : celle-ci engendre trop d'inégalités et surtout la hausse des prix (alors que ce devrait être l'inverse selon le discours néolibéral). La réduction de leur *pouvoir d'achat* est devenue leur souci majeur, plus que l'insécurité, qui les préoccupait davantage il y a dix ans. Ils se sont remis à attendre que les solutions viennent de l'État (qu'ils avaient tant critiqué) et à faire davantage confiance aux syndicats (auxquels ils ne croyaient plus). Il semble donc que les conséquences des crises du capitalisme aient quelque peu réduit l'adhésion, observable au cours des années antérieures, au modèle néolibéral : ils veulent plus d'État, moins de délocalisations, plus de syndicalisme, moins de compétition dérégulée, moins de précarité, d'exclusion et surtout, plus de pouvoir d'achat.

10- La religion et la morale

Les jeunes aiment choisir eux-mêmes, selon leur évaluation des situations, les normes morales de leur conduite. Ils vont de moins en moins les chercher dans la religion, et surtout pas dans les prescriptions de l'Église instituée. L'Église catholique n'est plus pour eux qu'une pourvoyeuse de rites, donnant de la solennité aux grandes occasions de leur vie (naissances, mariages et surtout décès). Ils conservent cependant une certaine sensibilité religieuse, mais elle est elle-même en régression. Et, de toute façon, ils veulent choisir eux-mêmes leurs croyances : une religion « à la carte », un Dieu personnalisé, la croyance en une vie après la mort, au paradis, à l'enfer, à la réincarnation, aux porte-bonheur… Donc, ils croient encore (un peu), mais *sans appartenir* à une Église : on assiste à une érosion continue de leur lien avec l'institution ecclésiale.[46] Celle-ci est instrumentalisée, elle perd de son emprise normative sur les conduites, et la pratique religieuse est en recul partout. La tendance générale est à l'individualisation et à la subjectivisation des croyances religieuses. Plus que des principes moraux ou un code de conduite, les gens d'aujourd'hui attendent plutôt de la religion une expérience de la convivialité, des émotions, une ritualisation et une consécration solennelle des moments importants de leur vie.

Ce souci de libre arbitre a un revers : nous serions en train de passer d'une culture où les pulsions et les émotions étaient encadrées par des règles, religieuses ou philosophiques, à une autre où nous nous contrôlons davantage par respect pour les sentiments des autres. La proportion d'individus qui déclarent ne pas avoir de critères clairs pour distinguer le bien et le mal, et qui estiment devoir décider par eux-mêmes selon les situations, augmente considérablement. Autrement dit, l'éthique de l'obéissance et l'éthique des principes n'orientent plus les conduites que chez une minorité d'individus, surtout parmi les plus âgés. C'est au contraire l'« éthique situationnelle » et surtout l'incertitude éthique qui progressent chez les jeunes. Il en résulte, en famille, à l'école, au travail, etc. un nouveau rapport aux normes sociales et à l'autorité dont j'ai déjà parlé ci-dessus.

11- La nature

Ils ne croient plus au « grand récit prométhéen » du Progrès (maîtrise de l'humain sur la nature par la science, la technique et le travail) et l'ont remplacé par une forte adhésion au « grand récit écologique », fondé sur la restauration d'une harmonie entre l'humain, la technique et la nature. Ils se méfient de certaines découvertes scientifiques et condamnent les expériences sur les

---

[46] Et il est probable que cela ne s'arrangera pas à l'avenir, étant donné le comportement moral d'une Église empêtrée dans les scandales de pédophilie.

embryons humains, ainsi que les risques pour la santé résultant de l'usage des OGM et des pesticides. Et ils ne veulent plus vivre dans un monde rempli de centrales nucléaires qui risquent d'exploser ! Ils tolèrent cependant la fécondation *in vitro,* parce que cette technique résout un problème important pour l'épanouissement des couples qui ne peuvent pas procréer autrement.

12- Être sujet de soi-même

Les jeunes veulent, bien plus que dans le passé, choisir et maîtriser leur vie personnelle, c'est-à-dire être sujets de leur existence dans tous les champs relationnels auxquels ils participent. Notamment, ils désirent pouvoir *disposer librement de leur corps* : entre 1980 et 2010, la proportion des interviewés qui condamnent encore l'homosexualité est passée de 62 à 32 %, l'euthanasie, de 41 à 22 %, le divorce, de 28 à 15 %, l'avortement, de 36 à 25 % et le suicide, de 59 à 48 %. Tout en restant cependant très réalistes, ils croient avoir le *droit* de s'épanouir comme personne et de choisir leur vie ; dès lors, ils attendent des institutions sociales, économiques, juridiques et politiques qu'elles leur en donnent les moyens. Pour être sujet de soi-même (agir sur soi), il faut aussi être acteur (agir sur les autres) ; à cet égard, ces individus préfèrent les relations plus proches, parce que plus contrôlables, celles qu'ils peuvent le mieux maîtriser par leurs choix (la sphère privée), celles qui sont plus authentiques, moins médiatisées par des institutions (les liens familiaux et amicaux), celles qui contribuent à leur épanouissement personnel, et celles qui leur procurent à la fois plus de plaisir et de sécurité. Prises dans leur ensemble, les tendances rappelées ci-dessus me semblent clairement révélatrices d'un changement du rapport de ces individus à eux-mêmes (à leur identité), qui les incite à changer aussi leurs relations avec les autres (leurs liens sociaux).

* * *

La plupart des tendances résumées ci-dessus ont déjà commencé à s'observer à partir des années 1980 et se sont poursuivies jusqu'à aujourd'hui, avec parfois des fléchissements ou même des renversements. Selon mon interprétation, ces évolutions confirment, au moins provisoirement, mon hypothèse relative à la mutation du modèle culturel dans les sociétés modernes (voir le chapitre III). Bien qu'il me reste encore quelques doutes, il paraît pratiquement certain que ces changements de valeurs sont bien dus à un effet de génération (donc de changement culturel) et non à l'âge (effet de vieillissement). On constate effectivement que, plus le temps passe (de 1981 à nos jours), *plus chaque génération va plus loin que la précédente dans les tendances observées.* On peut aimer ou détester l'univers culturel et normatif dans lequel nous sommes entrés, mais quoi qu'il en soit, il est incontestable que les principes de sens du modèle culturel subjectiviste ne se réduisent pas à une simple crise et décadence du modèle culturel progressiste. Ils forment bel et bien un tout assez cohérent, une autre conception positive du monde, un modèle culturel alternatif. Nous serions donc bel et bien en train de passer (ou déjà passés) *du règne du modèle culturel progressiste*, fondé sur les principes centraux de progrès et de raison, *à celui d'un modèle subjectiviste*, fondé sur les principes centraux d'autonomie et d'épanouissement individuels. Le premier se fonde sur la priorité du social sur l'individuel, le second de l'individuel sur le social. Bien entendu, l'ancien modèle est toujours là. Et même si son pouvoir d'évidence s'estompe fortement depuis trente ou quarante ans, beaucoup de gens (surtout les plus âgés, mais aussi certains jeunes) se raccrochent encore à lui et le réaffirment avec force. Parfois, cette réaffirmation prend même des allures très fanatiques (montée d'une extrême droite populiste, racisme, nazisme, sectarisme, intégrismes religieux). Mais cela n'empêche pas le nouveau modèle de s'enraciner résolument, même si sa légitimité n'est pas encore très assurée. Parfois, son affirmation prend aussi des allures excessives (individualisme, cynisme, instrumentalisation de la solidarité instituée, égoïsme, indifférence aux autres). Et dans la transition en voie d'achèvement d'un modèle culturel à un autre, l'incertitude règne, avec laquelle beaucoup de gens doivent se « débrouiller » comme ils peuvent !

Chapitre V

Quelques leçons du passé pour comprendre et orienter les luttes du présent

1- Faire le point

Dans les quatre chapitres précédents, j'ai essayé de montrer :

Chap. I : que la plupart des sociétés actuelles obéissent à la logique du capitalisme néolibéral mondialisé (même si ce régime fait face aujourd'hui à des divisions internes[47]) ;

Chap. II : qu'au cours de sa longue histoire, le capitalisme a déjà connu au moins « trois âges » : national libéral (celui que Marx a analysé), national protectionniste (celui de F. Roosevelt et de J.-M. Keynes) et néolibéral mondialisé (celui de F. Hayek et M. Friedman) ;

[47] Je pense bien sûr aux succès électoraux de la droite nationaliste et populiste, dont la montée est observable aux États-Unis et dans plusieurs pays de l'Europe occidentale depuis quelques années. Manifestement, certaines forces politiques de l'extrême droite ont compris qu'il était possible de surfer sur cette vague, pour gagner les élections et prendre le contrôle du pouvoir, en flattant les tendances nationalistes ou régionalistes des masses populaires, et en répondant aux inquiétudes des *fractions les moins compétitives* (donc aussi les moins libérales) de la nouvelle classe compétitiviste. Qu'ils soient pauvres ou riches, ceux qui subissent les effets dévastateurs d'une compétition trop dure pour eux ont compris qu'ils avaient intérêt à soutenir ces replis nationalistes, pour conserver le contrôle et l'appui des États dans lesquels leurs emplois et leurs entreprises sont implantés.

Chap. III : que les mutations ainsi introduites dans les pratiques (techniques, économiques, politiques et sociales) ont aussi engendré une mutation culturelle : le passage du règne d'un modèle culturel progressiste (celui de la première modernité) à un modèle culturel subjectiviste (celui de la deuxième) et que cette mutation est porteuse d'une puissante idéologie néolibérale ;

Chap. IV : et que tous ces changements ont eu des effets concrets sur la vie quotidienne des gens d'aujourd'hui (sur leurs relations sociales en famille, à l'école, avec la religion, le travail, la vie politique, etc.).

Ce bouleversement radical et complet de *toutes* nos conditions d'existence a eu des conséquences que beaucoup d'entre nous jugent très néfastes, voire intolérables. Tous ces effets néfastes sont aujourd'hui combattus par une multitude d'initiatives : des formes de résistance et une recherche incessante d'alternatives, que nous examinerons plus loin (chapitre VIII). Comme ce n'est pas la première fois dans le cours des deux derniers siècles qu'une situation semblable se produit, qu'une croissance brutale des forces productives entraîne un bouleversement complet des relations de production, je pense qu'il est très utile de *tirer quelques leçons de notre passé.*

2- Quelques leçons de l'histoire

*a- Le projet de la gauche est une utopie**

Appelons « Utopie » un projet d'amélioration radicale de la condition humaine. Un projet *hautement désirable* que l'on sait inaccessible, mais qui propose un horizon vers lequel on peut marcher pas à pas (même s'il recule à mesure qu'on s'en approche) que l'on ne peut réaliser que partiellement et provisoirement, et dont les acquis doivent toujours être restaurés. Bref, un projet qui n'est pas une illusion (puisqu'il est possible de bénéficier de ses acquis partiels), mais pour lequel il faudra toujours se battre puisqu'on ne pourra jamais l'atteindre pleinement ni définitivement. Ces projets, si nécessaires pour nourrir l'espoir d'un monde meilleur, sont conçus soit par les acteurs dominés eux-mêmes, soit par des intellectuels solidaires avec eux, soit par des élites ascendantes, qui ont besoin de mobiliser les masses populaires pour qu'elles les portent au pouvoir. Tout modèle culturel est porteur d'une utopie. Par exemple, *l'utopie chrétienne* fut sans doute (et est encore) une des plus belles qui soient. Mais *l'utopie égalitaire de la gauche* en est une autre : *un monde sans inégalités, donc sans aucune forme de domination sociale* (puisque c'est la domination qui crée et maintient les inégalités) ; un monde où les relations sociales (de puissance*, d'hégémonie*, de pouvoir*, d'influence*, d'autorité*), plutôt que d'engendrer de la domination, seraient au service de l'intérêt général des collectivités humaines.

Il importe de bien comprendre *pourquoi l'utopie est un projet inaccessible,* qui ne peut être réalisé pleinement ou dont les réalisations ne sont jamais définitives. Ce n'est là qu'une conséquence de *la logique des échanges sociaux** entre les humains tels qu'ils sont. Je propose de distinguer quatre formes fondamentales d'échanges sociaux : *la collaboration*, le conflit*, la compétition* et la contradiction** (voir le glossaire). Ces quatre formes sont toujours présentes, *à doses variables,* dans n'importe quel type de relations sociales.[48] S'il est vrai que la collaboration n'engendre pas d'inégalités, et que le conflit sert à restaurer la collaboration perturbée, la compétition et la contradiction sont des « jeux à somme nulle » : chaque acteur ne peut atteindre ses fins

[48] J'ai coutume de dire que, même pour deux amoureux qui s'adorent, les échanges ne se réduisent jamais complètement à de la collaboration : ils peuvent connaître des conflits quand l'un des deux n'est plus d'accord avec les modalités de la relation. Et leur conflit peut les mener à restaurer cette collaboration, mais il peut aussi les mener à de la compétition et, pire encore, aboutir à une contradiction qui mettra fin à leur relation.

qu'en empêchant l'autre d'atteindre les siennes, donc en créant des inégalités qui ne peuvent être maintenues que par la domination. Or, *ce que voudrait l'utopie de la gauche, c'est justement supprimer toute forme de domination dans toute relation sociale (entre les classes, les genres, les âges, les races, les statuts sociaux, etc.).*

Je pense que c'est là une réalité qu'il ne faut jamais oublier. Pour qu'une relation sociale soit vraiment égalitaire, il faudrait que l'acteur qui a les moyens de dominer s'y refuse volontairement (ce qui existe parfois, mais rarement, pour dire le moins) et/ou que celui qui est dominé s'en défende fermement (ce qui est loin d'être toujours le cas) ; faute de quoi la domination finira inéluctablement par s'installer entre eux. Ce constat, somme toute assez banal, me paraît étayé par des observations empiriques suffisantes pour pouvoir être tenu pour vrai, au passé comme au présent, dans n'importe quelle culture, que les acteurs soient des hommes ou des femmes, des Blancs ou des Noirs, des jeunes ou des vieux, des croyants ou des incroyants… Autrement dit, *rien n'arrête la tendance à la domination dans les relations sociales, sauf l'action solidaire et conflictuelle des dominés contre les dominants.* Et ce constat reste vrai, *même quand les acteurs en relation sont des gens de gauche* : la tendance à produire des inégalités est inscrite dans les relations, aussi bien à gauche qu'à droite.[49] Oublier cette leçon, c'est se condamner à lutter, à souffrir et… à mourir pour rien !

b- La justice sociale ne va pas sans la démocratie politique

Une grande partie de la gauche d'hier a commis l'erreur de sous-estimer la valeur de la liberté (donc de la démocratie politique – qui, elle aussi, est une belle utopie) et de tout miser sur l'égalité (donc sur la justice sociale, qui en est une autre également). Elle n'a pas compris que ces deux valeurs sont complémentaires : l'une ne va pas sans l'autre. S'il est vrai que la démocratie n'a de sens que

---

[49] C'est pourquoi les révolutions finissent toujours par engendrer des régimes autoritaires.

dans une société juste – que signifie-t-elle, en effet, pour les victimes d'injustice ? –, l'inverse est tout aussi vrai : *la justice sociale, même limitée, ne peut être garantie que par la démocratie politique.* En effet, faute d'être contraints de respecter la démocratie, les dirigeants de l'économie et de l'État, même quand ils sont de gauche, échappent souvent à tout contrôle, deviennent rapidement des dominants (en vertu de la logique des relations sociales). Ils restaurent alors à leur profit des injustices, protégées par des pouvoirs politiques qui sont parfois totalitaires. Le régime de la démocratie politique et sociale constitue, pour les dominés, la seule garantie qu'ils auront le droit de s'unir, de s'organiser, d'exprimer leurs revendications, d'exercer des pressions. Ce n'est qu'ainsi que les dominants pourront être contrôlés, critiqués, et au besoin remplacés, sans qu'ils puissent recourir à la force physique répressive. La gauche ne devrait plus jamais oublier cette dure leçon de sa propre histoire.

c- La société sans classes est une illusion

Dès qu'une collectivité humaine comporte une division du travail complexe, elle contient forcément plusieurs catégories sociales dont les activités ne consistent pas à produire de la richesse économique. Dès lors, ceux qui ont la charge de produire cette richesse doivent en produire *plus qu'ils n'en consomment eux-mêmes* : ils doivent produire *un surplus* économique pour répondre aux besoins de tous. Ils remplissent donc la « fonction de classe productrice ». Mais comme nous l'enseigne l'expérience historique, la fonction de classe productrice s'accompagne toujours d'une « fonction de classe gestionnaire ». En effet, comme je l'ai expliqué ci-dessus, ce qui fait travailler la classe productrice, c'est *le manque vital d'un bien* sans lequel elle ne peut survivre. Cela la rend d'emblée dépendante de la classe gestionnaire : celle-ci ne comble ce manque *qu'à la condition de s'approprier des produits du travail productif et de décider de son usage.* Parmi les différents modes de production qui ont marqué notre histoire (l'esclavagisme, le féodalisme, le capitalisme), la théorie marxiste a tendance à en oublier un : *le mode de production communiste*. En effet, les sociétés communistes n'ont jamais été des sociétés sans classes. Voyons cela de plus près.

Si l'on accepte ce qui vient d'être dit, on doit en tirer, me semble-t-il, *quatre conclusions*, que la gauche d'hier – du moins dans sa majorité – n'a pas su tirer.

– L'existence des « fonctions de classe » est à la fois un mal nécessaire et – ne vous en déplaise – un bien ! C'est *un mal nécessaire* parce que, dans les sociétés à division du travail complexe, la production d'un surplus est indispensable et la seule manière de l'obtenir est de le faire produire par un ensemble d'individus qui remplissent la fonction de classe productrice et de le faire gérer par un autre ensemble d'individus qui exercent la fonction d'une classe gestionnaire. Mais *c'est aussi un bien*, parce qu'un tel surplus est ce qui rend possible, grâce à sa redistribution, l'amélioration des conditions de vie de l'ensemble de la collectivité : sans surplus, celle-ci ne pourrait survivre que dans les conditions de précarité d'une économie de subsistance. Dès lors, l'affirmation selon laquelle les sociétés dites « communistes » seraient des « sociétés sans classes » n'a été qu'une rationalisation idéologique permettant aux dirigeants du parti au pouvoir (faisant fonction de classe gestionnaire) de nier l'existence des classes sociales et de réprimer, souvent très durement, les revendications du mouvement social de leur propre classe productrice afin de rétablir à leur profit des inégalités sociales.

– L'enjeu essentiel de ce qu'on appelle *« l'exploitation »* de la classe productrice n'est donc pas dans le fait qu'un surplus soit extrait de sa force de travail (puisque de toute façon, il faut en produire un), mais dans *la manière dont il est extrait* et surtout dans *la manière dont il est géré* par la classe gestionnaire (*l'usage social qu'elle en fait)*. En effet, quel que soit le mode de production en vigueur, cette classe gestionnaire peut, comme nous le verrons plus loin, gérer le surplus de deux manières. D'une part, elle peut en faire un *usage dominant* : le détourner de sa finalité collective, pour satisfaire exclusivement ses intérêts particuliers et négliger complètement l'intérêt général (exploiter au maximum le travail de la classe productrice et la réprimer, ne pas payer d'impôts et ne rien redistribuer par des politiques sociales et publiques, ne rien réinvestir…). D'autre part, elle peut en faire un *usage dirigeant* : faire l'inverse et mettre ce surplus au service de l'intérêt général, du bien-être de tous.[50] Cependant, à cause de la logique des relations entre les classes (voir le point « a » ci-dessus), et comme nous le prouve l'histoire sauf cas exceptionnels, la classe gestionnaire n'optera pour cet usage dirigeant que *si elle y est contrainte par la force du mouvement social et politique de la classe productrice.* C'est donc, en grande partie, la construction de cette force qui constitue la condition nécessaire d'un usage dirigeant du surplus économique.

– Prétendre supprimer la classe gestionnaire est un objectif forcément voué à l'échec, comme on a pu l'observer partout dans le passé : on ne pourra, de toute façon, que *la remplacer par une autre.* Quel que soit le « mode de production » en place, ce qui importe, c'est *que la classe productrice ait la force de contraindre la classe gestionnaire à être dirigeante.* Soyons plus clairs encore : en soi, un bourgeois capitaliste n'est ni meilleur ni pire qu'un maître d'esclaves, un seigneur féodal, ou… un dirigeant du parti révolutionnaire gérant une entreprise d'État ; la seule manière *d'être sûr* qu'il se souciera réellement de l'intérêt général est de l'y obliger. S'il n'y est pas contraint, il risque fort de se laisser

---

[50] L'opposition entre *« gestion dominante »* (pour désigner un usage du surplus au service des intérêts privés de la classe gestionnaire) et *« gestion dirigeante »* (pour désigner son usage conforme à l'intérêt général) est reprise à Alain Touraine (voir la « double dialectique des classes sociales » *in Production de la société*, 1973).

emporter par la logique des relations de classes et de devenir dominant (à moins qu'il ne soit doté d'un sens civique exceptionnel, sur lequel, évidemment, il est préférable de ne pas trop compter). Dès lors, *l'obsession anticapitaliste, observable dans la gauche d'aujourd'hui, n'est qu'une survivance des illusions de celle d'hier* (l'homme nouveau, la société sans classe). Pour paraphraser Winston Churchill (qui lui, parlait de la démocratie), je dirais volontiers que *« le capitalisme est le pire de tous les modes de production possibles, à l'exception de tous les autres »* ! Je ne connais qu'une exception à ce fait : le mode de production autogestionnaire.[51]

– Pour participer aujourd'hui à la construction d'une force de gauche, il est indispensable de faire *une analyse pertinente des classes sociales* dans les sociétés contemporaines. Qui est la classe gestionnaire d'aujourd'hui ? Comment extrait-elle un surplus économique de la classe productrice et qui est celle-ci ? Comment se l'approprie-t-elle et le gère-t-elle ? Quels sont les enjeux essentiels des luttes de classes actuelles ? Comment obliger la classe gestionnaire à se soucier de l'intérêt général ? Voilà les questions que Marx se posait au milieu du XIXe siècle. Ses réponses furent pertinentes pendant des décennies, mais elles ne le sont plus aujourd'hui, parce qu'au cours du dernier demi-siècle, des mutations profondes ont bouleversé le capitalisme ; *nous devons donc nous poser ces mêmes questions maintenant.*

---

[51] La seule exception serait le « mode de production autogestionnaire », que l'on retrouve aujourd'hui dans l'économie sociale solidaire, mais à condition de reconnaître qu'il y a aussi des relations de classes dans cette manière de produire parce qu'une tendance à l'oligarchisation des fonctions de gestion y est présente.

d- Certaines formes de lutte ont été plus efficaces que d'autres

Si l'on oublie tous ceux qui ont supporté la domination bourgeoise sans la remettre en cause ou qui ont collaboré avec elle, ceux qui se sont engagés dans les luttes sociales et politiques contre le capitalisme d'hier se sont divisés en *quatre tendances*. Les uns ont préféré chercher de « bons » patrons et travailler pour eux[52], espérant ainsi améliorer leur sort (*socialisme utopique* de Charles Fourier ou de Robert Owen). D'autres ont voulu s'organiser en syndicats (malgré l'interdiction et la répression de l'État), pour imposer aux patrons leurs revendications par la force (notamment par la grève) suivie de la négociation (*syndicalisme revendicatif*). D'autres encore ont choisi de créer leurs propres entreprises et de les gérer eux-mêmes, supprimant ainsi l'appropriation du surplus par la bourgeoisie (*autogestion, coopérativisme*). D'autres enfin ont estimé que la seule solution définitive était d'éliminer carrément la propriété privée des moyens de production, donc la bourgeoisie, et de créer un parti qui prendrait le contrôle de l'État et gérerait lui-même le surplus (*révolution*). Ces quatre tendances se sont souvent entre-déchirées, coupant en quatre le mouvement ouvrier et socialiste et réduisant ainsi sa capacité d'action.

Or, historiquement, *ces quatre chemins n'ont pas eu la même efficacité* dans la lutte contre les conséquences néfastes du capitalisme. La gauche a d'abord compris, à ses dépens, qu'il n'y avait pas (ou très peu) de « bons patrons », parce qu'ils obéissaient tous aux mêmes exigences de la logique des relations de classes. Elle a compris aussi que les coopératives autogestionnaires avaient tendance à se bureaucratiser et qu'elles étaient incapables de coexister avec les industries capitalistes et surtout, de les concurrencer sur leur propre terrain. Quant à ceux qui ont choisi la voie de la révolution, ils n'ont fait que remplacer une classe

52 Et vivre dans un phalanstère ou travailler dans une usine d'André Godin.

dominante par une autre : ils ont mis en place, non pas une « démocratie populaire », mais une « dictature des dirigeants du parti communiste qui prétendait représenter des travailleurs ». Et, faute d'être contrôlés par les ceux-ci, les dirigeants du parti sont devenus, plus ou moins rapidement, totalitaires et répressifs, au moins autant (si pas davantage encore) que la bourgeoisie qu'ils remplaçaient !

Une seule de ces quatre voies s'est donc révélée beaucoup plus efficace que les trois autres : le syndicalisme revendicatif, relayé par des partis sociaux-démocrates, a pu au moins dans les pays européens (particulièrement en Scandinavie) obliger la bourgeoisie à être dirigeante et améliorer ainsi les conditions de vie des travailleurs et de l'ensemble de la population.

Il importe de bien se souvenir de la raison pour laquelle cette voie sociale-démocrate a été efficace et a atteint son but. En revendiquant la hausse des salaires et le raccourcissement du temps de travail, le mouvement ouvrier s'attaquait, *très exactement*, aux mécanismes par lesquels la bourgeoisie constituait et s'appropriait la plus-value. La pression du mouvement ouvrier a été ainsi un facteur de changement décisif. Comment ? *Elle a permis* d'*augmenter la part du temps de travail nécessaire* (grâce à la hausse des salaires*), et de raccourcir le temps de surtravail* (grâce à la réduction de la durée du travail) ; *dès lors, les luttes ouvrières ont réduit la plus-value absolue* (tendance à la baisse des taux de profit). Obligée de céder sur ces revendications, la bourgeoisie s'est vue contrainte de promouvoir les découvertes scientifiques et les innovations technologiques, afin d'augmenter la productivité du travail, ce qui lui a permis de *compenser largement la perte de plus-value absolue, grâce à la hausse de la plus-value relative.* Cela a rendu possible le passage du capitalisme libéral sauvage (premier âge) au capitalisme protectionniste de l'État Providence (deuxième âge).[53]

---

[53] Voir le chapitre II sur « les trois âges du capitalisme ».

Des différentes leçons de l'histoire exposées ci-dessus, je tire *une conclusion générale* qui me paraît essentielle pour évaluer et orienter les luttes sociales d'aujourd'hui et de demain. Pour combattre efficacement le capitalisme néolibéral, la voie la plus efficace sera d'empêcher sa classe gestionnaire (la classe compétitiviste) d'être dominante (de se soucier surtout des intérêts privés de ses membres) ou, ce qui revient au même, de l'obliger à être dirigeante (de se soucier de l'intérêt général : des travailleurs, des consommateurs et de l'environnement). Et pour obtenir d'elle qu'elle change ainsi son mode de gestion des surplus, *il faut la menacer en s'engageant dans des actions qui mettent en cause directement les mécanismes stratégiques par lesquels elle génère ses profits commerciaux et financiers.*

Chapitre VI

Mutation culturelle et militantisme aujourd'hui

Au chapitre III ci-dessus, j'ai proposé une analyse de la mutation culturelle qui s'est produite dans les sociétés contemporaines : entre le dernier quart du XXe et le premier quart du XXIe siècle, nous sommes passés du règne du *modèle culturel progressiste* de la première modernité à celui du *modèle culturel subjectiviste* de la seconde. Au chapitre IV, je me suis efforcé de montrer les conséquences de cette mutation sur les relations sociales dans notre vie quotidienne (en famille, à l'école, au travail, etc.). Puisqu'un des buts de ce livre est d'évaluer l'efficacité des formes actuelles de lutte contre le capitalisme néolibéral (que j'aborderai au chapitre VII), je voudrais montrer dans ce chapitre de quelle manière cette mutation culturelle *a aussi changé le rapport des individus au militantisme*, et quelles furent les conséquences de ce changement sur la conception des luttes sociales et politiques.

1- Le militantisme d'hier : l'exemple du mouvement ouvrier

J'ai expliqué au chapitre V que, des quatre grandes tendances qui ont marqué les luttes de classes des deux premiers âges du capitalisme, c'est le syndicalisme revendicatif du mouvement ouvrier qui a été – et de très loin – le plus efficace : en effet, ce sont les luttes ouvrières qui, en un siècle, ont conduit nos sociétés à *une amélioration substantielle des conditions matérielles et sociales de vie,* non seulement de la classe ouvrière, mais de l'ensemble de leurs populations.[54] Plusieurs raisons expliquent ce succès, dont voici les principales.

a- Des enjeux absolument stratégiques

Le mouvement ouvrier a d'abord été efficace parce que, comme nous venons de le voir, il s'est attaqué aux *enjeux « stratégiques »* dans sa relation avec la bourgeoisie. Par « stratégiques », j'entends les enjeux qui étaient indispensables à la reproduction et à l'augmentation de la puissance de la bourgeoisie comme classe gestionnaire : ces enjeux étaient *le temps de travail* et *le niveau des salaires.* En imposant à la bourgeoisie (grâce à des années de conflit et des sacrifices énormes) la réduction du temps de travail et la hausse des salaires, le mouvement ouvrier l'a placée dans une position de faiblesse, dans une impasse dont elle ne pouvait sortir qu'en augmentant la productivité du travail par l'innovation technologique et par la croissance de la plus-value relative. Mais cela a aussi eu pour effet de l'obliger à devenir plus « dirigeante » (à financer l'innovation, à créer des emplois, à payer plus d'impôts, à financer la Sécurité sociale…). Le mouvement ouvrier a donc *frappé juste* !

b- La lente construction d'une solidarité organisée

Le prolétariat a mis longtemps avant de parvenir à construire *une force sociale* suffisante pour imposer ses revendications. *« Prolétaires de tous pays, unissez-vous »* fut un objectif

[54] Il suffit, pour s'en convaincre, de comparer les conditions de vie des Norvégiens et des Russes d'aujourd'hui. À ceux qui lèveront leur bouclier contre cet argument et me diront que le sens de la vie n'est pas dans l'avoir mais dans l'être, je répondrai tranquillement qu'*il est très difficile d'être quand on n'a pas* ! Et aussi… qu'il est *très facile d'employer cet argument quand on fait partie de ceux qui ont !* Cet argument donne à ceux qui l'emploient une bonne conscience « en béton armé », mais il ne sert à rien d'autre !

indispensable, mais difficile à atteindre. Les ouvriers ont dû surmonter toutes sortes de divisions (professionnelles, idéologiques, nationales...) sur lesquelles je ne reviendrai pas ici. Il a fallu aussi que certaines conditions objectives soient réunies (la fin des métiers et des corporations, la concentration des usines dans des pôles industriels...). Il leur a fallu encore créer des *organisations syndicales*, avec tout ce que cela comportait de contraintes pour leurs membres : une hiérarchie de rôles sociaux complémentaires ; des normes à respecter (avec le risque de bureaucratisation) ; une autorité à exercer (des ordres à donner et à recevoir, des évaluations et des sanctions) ; des délégations de pouvoir ; des alliances, donc des compromis à tolérer ; des dissidences à gérer par rapport à « la ligne définie par les leaders » ; des conflits (internes et externes) à mener ; des ressources financières à obtenir des membres et à gérer (honnêtement), etc. Même en réunissant ces conditions, ils n'ont abouti qu'à une unité partielle, puisque plusieurs syndicats rivaux ont subsisté dans chaque pays.

c- Un fonctionnement plus ou moins démocratique

Souvenons-nous d'abord de ce que le sociologue italien Roberto Michels appelait la « loi d'airain de l'oligarchie » : *toute organisation tend à devenir oligarchique* (donc à être de moins en moins démocratique), parce qu'à chaque niveau de la hiérarchie, ceux qui occupent le rang supérieur ont intérêt à échapper au contrôle de leurs subordonnés pour n'avoir pas de comptes à leur rendre ; et ceux qui occupent le rang inférieur ont le même intérêt qu'eux : ne pas leur demander des comptes, parce qu'il est bien plus facile de les laisser faire que de les contrôler ![55] Il a donc fallu beaucoup de

---

[55] Voir Roberto Michels, *Les partis politiques*. Notez bien que la responsabilité de la dérive oligarchique et bureaucratique appartient *aux deux acteurs* et pas seulement à celui qui gère l'organisation ; elle se situe donc *dans la logique de la relation* entre les deux. L'expression « loi d'airain » est

temps aux syndicats pour faire le difficile apprentissage du fonctionnement démocratique. Même s'il est toujours resté imparfait, c'est pourtant lui qui a rendu possibles à la fois le soutien, mais aussi la critique, le contrôle des dirigeants et leur choix par leurs « bases », condition indispensable de la vaste mobilisation sociale qui était nécessaire pour durer dans le temps, résister à la répression et accumuler lentement les victoires partielles.

d- Une utopie crédible : le socialisme

Pour que des individus acceptent de faire passer leur intérêt commun (celui du « nous ») avant leurs intérêts privés (ceux des « je »), *il faut qu'ils croient* fermement en un projet de société qui, même s'il est inaccessible, est cependant *assez réaliste* pour que l'on puisse s'en approcher, pas à pas, par des victoires partielles et concrètes. Ces victoires ont été : le droit de créer des syndicats (car ils furent interdits jusqu'au milieu du XIXe siècle) ; le droit de faire la grève (interdit également) ; la prohibition du travail des enfants ; le repos dominical ; la Sécurité sociale ; le raccourcissement de la journée de travail, la liaison des salaires à l'index, les pensions, etc. Les prolétaires, comme les bourgeois, croyaient au Progrès, mais ils l'ont défini chacun à leur manière : progrès social (égalité réelle) pour les premiers, progrès technique pour les seconds Leur foi a aidé les prolétaires à « soulever des montagnes », et fut donc une condition essentielle de leur succès.

e- Une arme efficace : la grève

Il leur a fallu arracher de haute lutte le droit de faire la grève, car c'était « l'arme fatale » que la bourgeoisie ne pouvait pas

---

cependant excessive parce qu'elle implique l'idée d'une détermination ; or, les relations sociales laissent toujours aux acteurs un champ d'action plus ou moins ouvert, échappant au déterminisme.

tolérer. C'était une forme de chantage : jusqu'où le patron pourrait-il supporter de perdre de la plus-value ? C'était un risque aussi : celui de la répression, des licenciements sélectifs… Et c'était une arme à double tranchant : elle pouvait entraîner la faillite de leur propre entreprise, donc le tarissement de la source de leurs revenus. Mais elle a été efficace, du moins aussi longtemps que le protectionnisme que pratiquait l'État (deuxième âge du capitalisme) mettait les entreprises à l'abri d'une concurrence externe exacerbée (celle de son troisième âge).

f- Des relais politiques

Sans relais politiques le mouvement ouvrier n'aurait abouti à rien : les revendications qu'il est parvenu à arracher à la bourgeoisie ne sont devenues des victoires concrètes et difficilement réversibles, que quand elles ont été *traduites dans des lois,* que les tribunaux furent obligés d'appliquer et que les forces répressives durent faire respecter. Le danger était évidemment que cette collaboration entre le social et le politique n'aboutisse à la récupération des syndicats par les partis auxquels ils étaient liés. Les organisations syndicales ont donc cherché à se prémunir contre des liens trop étroits avec la politique, et elles y sont plus ou moins parvenues (bien que ce soit variable selon les pays).

Toutes ces raisons – et d'autres moins importantes – contribuent à expliquer le succès de mouvement ouvrier qui, déjà dans les années 1930, mais surtout après la Seconde Guerre mondiale, a abouti *au pacte social de l'État-providence.* Si je rappelle tout cela, c'est parce qu'aujourd'hui… le monde a bien changé ! Je sais bien que les conditions du succès de mouvement ouvrier ne se reproduiront plus jamais de la même manière, pour la simple raison que le capitalisme est passé de son deuxième âge à son troisième : dès lors, pour le dire en trois mots, il n'est plus *ni national, ni industriel, ni protectionniste !* Mais aussi (et surtout) parce que le modèle culturel régnant a changé, et avec lui, *la conception du militantisme,* donc la « mentalité » des militants.

2- Le militantisme d'aujourd'hui : l'exemple des « mouvements de la transition »

Il n'y a pas *un* mouvement de la transition, mais une multitude d'initiatives qui se réclament de « la transition », sans toujours bien savoir de quelle transition il s'agit, ni comment la définir.[56] Voici une liste, non limitative, de ces initiatives : les AMAP (Associations pour le maintien de l'agriculture paysanne), la permaculture, les groupes d'achat d'alimentation paysanne, les monnaies citoyennes, les SEL (services d'échange local), les RES (réseau d'entreprises sociales), les potagers collectifs, les habitats groupés, les boîtes à livres, les « donneries » ou marchés gratuits, les ateliers collectifs de réparation d'objets, les coopératives d'énergie renouvelable, les kiosques à jeux en libre-service, les biens communs (friches industrielles abandonnées, terres, forêts, logements vides), possédés et gérés en toute autonomie par une communauté, etc. Toutes ces organisations sont nées à l'initiative de gens très généreux, engagés dans un mode alternatif de vie (individuelle et groupale).

Les traits communs (grâce auxquels il est possible de reconnaître une « mouvance » unique appelée « transition ») de toutes ces initiatives sont les suivants :

a- Il s'agit bien d'économie : ces initiatives visent à rencontrer des besoins, qui pourraient être satisfaits par des biens ou des services vendus par des entreprises capitalistes ; mais les

---

[56] Je recommande vivement la lecture du Cahier d'Analyse : *« Quelle transition vivrons-nous ? »*, édité par https://pour.press/ (hors-série, n° 2, déc. 2017, janv.-févr. 2018), écrit par une quinzaine d'auteurs et coordonné par Alain Adriaens. Dans la suite du présent chapitre, les phrases entre guillemets et en italiques sont extraites de cette brochure.

« transitionneurs » refusent de les acheter, préférant les produire ou les rendre accessibles eux-mêmes.

b- Les initiatives sont prises par « en bas » : c'est *« un changement qui provient du terrain, qui n'est pas télécommandé, ni commandité par le haut »* (p. 25) ; c'est *« une relocalisation de l'économie "par le bas" »* (p. 13) ; *« un laboratoire d'expérimentation locale »* (p. 30). *« La transition nous semble donc un processus en marche, multiple et diversifié, s'adaptant aux singularités locales, et permettant aux populations d'explorer et d'imaginer des réponses et des projets novateurs. »* (p. 29) *« La transition est fille de l'auto-organisation citoyenne »* (p. 28).

c- Ces initiatives ne sont pas (ou très peu) coordonnées : *« La transition n'est pas un changement dirigé depuis des instances lointaines avec un programme précis »* (p. 13) ; il n'y a pas de coordination (ou très peu et sans contrainte) entre les « transitionneurs » ; chaque individu ou petit groupe n'obéit qu'à lui-même : il fait ce qu'il décide de faire comme il l'entend. *« La plupart des "transitionneurs" met en avant leur responsabilité individuelle. »* (p. 21)

d- Les « transitionneurs » n'aiment pas les conflits : ils sont « pour » et non « contre ». *« Le choix du militantisme d'affrontement comme principal outil est profondément malhabile. »* (p. 58) *« Le refus du mouvement de la transition de pratiquer une approche du changement fondée sur la confrontation a été une décision consciente dès le début. »* (p. 58)

e- Les « transitionneurs » se méfient de la politique : *« les adeptes de la transition ne sont pas des fans de la politique politicienne »*. (p. 58) Ils craignent beaucoup la récupération par les politiciens. Dès lors, *« la transition se veut apolitique, indépendante de tout parti. »* (p. 32) En revanche, ils veulent *« redonner confiance aux citoyens dans leur capacité de devenir acteurs de changement. »* (p. 32) Cependant, leur enracinement dans le local (la rue, le quartier, la commune) les amène parfois à travailler avec des édiles communaux qui leur inspirent confiance. Mais, au niveau plus global, ils ne croient plus ni en la révolution ni aux réformes de la social-démocratie.

Au vu de ces traits communs, on est en droit de se demander comment les « transitionneurs » contribuent à la lutte contre le capitalisme néolibéral, puisqu'ils ne veulent *ni organisation, ni conflit, ni politique*. On peut répondre qu'*ils prêchent par l'exemple* : ils démontrent qu'il est possible de vivre autrement[57], qu'on peut fuir le néolibéralisme, vivre à côté de lui, coexister sans s'y intéresser, n'avoir rien à faire avec lui ! Ils seraient donc en train d'opérer une *« transformation interstitielle »* (p. 50), comme l'a fait le capitalisme lui-même en s'insinuant peu à peu dans la société médiévale jusqu'à ce que celle-ci, transformée de l'intérieur, s'étouffe dans ses propres contradictions et disparaisse.[58] Les initiatives de transition, en devenant de plus en plus nombreuses, en se généralisant, envahiraient ainsi, lentement, le monde capitaliste et on passerait peu à peu à un autre mode de production. Si l'on voit les choses ainsi, on peut ajouter que les « transitionneurs » font leur « révolution personnelle », convaincus qu'ils doivent d'abord se changer eux-mêmes pour changer la société, donc adopter un mode de vie fondé sur la « simplicité volontaire », sur le « convivialisme », adhérer à des utopies comme, par exemple, la décroissance. C'est ainsi que leur engagement dans

---

[57] Comme le mouvement coopérativiste a été depuis le XIXe siècle, et est encore, une manière de montrer qu'on peut se passer du capitalisme, sans pour autant le combattre, sans le réformer, ni le supprimer. De même que le monachisme et l'érémitisme (à la fin du XIe siècle) ont obligé l'Église catholique à se réformer (Réforme grégorienne), avec l'effet de l'avoir sans doute sauvée ainsi de la disparition !

[58] Je rappelle que, s'agissant du remplacement progressif du féodalisme par le capitalisme, cette « transformation interstitielle » *a pris huit siècles* : depuis le XIe (avec la renaissance des villes, du commerce et de l'artisanat), jusqu'au XVIIIe (avec les révolutions industrielles). Mais aussi, qu'il a fallu passer par des contradictions d'une extrême violence pour chasser l'aristocratie et l'Église catholique, du pouvoir des États.

la transition *« débouche en général sur un mieux-être personnel. Vie ralentie, désencombrement de l'esprit de préoccupations bassement matérialistes, davantage de liens humains à la place de biens, satisfaction ressentie lorsqu'on met en cohérence ses actes et ses motivations profondes…* [tout cela] *apporte souvent une joie profonde… »* (p. 61) On peut même, à long terme, se convaincre que *« la "transition" sera peut-être le nom que les générations futures donneront au passage de l'humanité de l'adolescence à l'âge adulte. »* (p. 19) Par contre, si l'on est plus critique à leur égard, on pourrait dire aussi qu'ils ne s'occupent aucunement de la pauvreté, de l'exclusion, de la misère que les néolibéraux engendrent, ou pire, qu'ils aident ces derniers à résoudre les problèmes qu'ils créent. *« La mère de deux enfants, célibataire et allocataires d'un CPAS »* (p. 25) ne les intéresse guère ! Et on ajoutera aussi que c'est la raison pour laquelle *« le mouvement de la transition ne fait pas peur »* (p. 24) aux néolibéraux.

Ces « transitionneurs » sont un exemple typique (presque caricatural) des militants d'aujourd'hui : ils ne veulent pas entendre parler ni d'organisation, ni de conflits, ni de politique ; ils veulent du concret, du local, de l'immédiat, du *« bottom-up »* ; leur implication dans les groupes doit rester limitée, à la carte, intermittente, voire virtuelle, pour ne pas trop devoir subir le contrôle, la pression des autres ; les semi-groupes qu'ils forment doivent rester ouverts (sans carte de membre, sans cotisation ; on y entre et on en sort quand on veut) ; leur démocratie doit être directe, fondée sur des assemblées (sans délégation de pouvoir, sans coordination, sans hiérarchie, sans normes prescrites). Ils ne se désintéressent cependant pas de la « chose publique », mais restent convaincus qu'elle passe par leur révolution personnelle, et à l'occasion, par la signature de quelques pétitions ou par la participation à quelques manifestations.

On le voit, entre le militant ouvrier et le militant « transitionneur », il y a un monde de différences ! Plus précisément, le premier croyait au Progrès (modèle culturel progressiste), alors que le second croit à l'Individu-Sujet-Acteur (modèle culturel subjectiviste). Les deux sont pleinement cohérents avec leurs croyances culturelles et s'efforcent de s'y conformer. La différence est que le premier s'est engagé dans une lutte efficace *contre* le capitalisme (celui du deuxième âge), alors que le second se contente de condamner verbalement celui du troisième âge, le néolibéralisme ! Bien entendu, entre le militant ouvrier et le « tansitionneur », toutes les formes intermédiaires d'engagement peuvent se situer. Par exemple, *le mouvement de l'économie sociale solidaire* qui, par beaucoup d'aspects ressemble fort au mouvement pour la transition et paraît disposé à adopter une attitude plus pragmatique.

Chapitre VII
Les rapports de classes sous le capitalisme néolibéral

L'objet de ce chapitre a déjà été abordé aux chapitres I et II. Je rappelle que, puisque le mode de production du capitalisme néolibéral n'est plus le même que celui du capitalisme industriel national, *les classes sociales sont évidemment différentes, et les luttes de classes ainsi que leurs enjeux ont besoin d'être entièrement repensés.* Il est essentiel de bien comprendre cette évolution du capitalisme (l'entrée dans son troisième âge) et d'en tirer toutes les conséquences pour l'action. Je vais donc compléter ici quelques analyses qui n'ont été qu'ébauchées jusqu'ici.

1- Qu'est-ce qu'un mode de production ?

a- Un mode de production est une manière d'obtenir d'une classe productrice qu'elle travaille pour produire de la richesse économique, qui sera appropriée et gérée par une classe gestionnaire.

Richesse économique ? Tout bien ou service qui est susceptible de satisfaire un besoin (valeur d'usage) et qui peut être échangé contre d'autres biens ou services (valeur d'échange, notamment contre de l'argent).

Classe productrice ? Ceux qui sont obligés d'accepter de travailler en sachant que ce sont d'autres qu'eux qui s'approprieront les fruits de leur travail et les géreront en en tirant profit. La raison qui les oblige à accepter d'entrer dans cette relation, c'est qu'ils ont un *besoin vital : un besoin qu'ils doivent satisfaire pour survivre.* Il leur manque quelque chose d'essentiel : des terres, de l'argent, un réseau commercial, la sécurité d'existence, la libre disposition de leur corps, une rassurance quant à leur avenir, des moyens de production, des biens de consommation qu'ils jugent essentiels, etc. S'ils n'acceptaient pas d'entrer dans la relation, ils en mourraient, physiquement ou, tout au moins, socialement !

Classe gestionnaire ? Ceux qui possèdent *les moyens de satisfaire ces besoins vitaux* : ils possèdent les terres, l'argent, les réseaux commerciaux, les moyens de production, les moyens de répression, les moyens de rétablir l'espoir dans l'avenir, les biens et les services pour satisfaire les besoins jugés essentiels. Ils possèdent ces ressources et ils peuvent, *s'ils le veulent*, les mettre à disposition de ceux qui en manquent… *à condition que ceux-ci acceptent de travailler pour eux*, dans le cadre d'une relation dont ces gestionnaires fixeront les modalités. Les conditions que la classe gestionnaire leur imposera sont : d'une part qu'elle pourra *s'approprier les produits du travail de la classe productrice* ; d'autre part qu'elle aura *le droit gérer librement ces produits*, c'est-à-dire de décider de l'usage social qu'elle en fera.

b- Tous les modes de production répondent à la définition que je viens d'énoncer, que ce soit ceux que Marx distinguait (esclavagiste, féodal, artisanal-marchand, capitaliste et socialiste), ou que ce soit d'autres modes dans lesquels le besoin vital est principalement culturel, donc psychologique (avoir peur de perdre sa liberté, peur de la damnation éternelle, peur d'être banni de la tribu ou de la cité…). Et je tiens ici à insister sur un point important : *le capitalisme*, dont la gauche a fait « le diable en personne » *n'est, historiquement, ni meilleur ni pire* que la plupart des autres modes de production. Le seul mode de production dont on peut dire avec certitude qu'il est *plus juste* que les autres est le *mode de production autogestionnaire* : celui dans lequel, en principe, c'est la classe productrice qui fait aussi office de classe gestionnaire. Cependant, même ce mode de production comporte aussi deux classes sociales : celle de tous les travailleurs qui produisent les richesses (classe productrice) et celle qui est formée par ceux qu'ils ont démocratiquement choisis (élus) pour gérer ces richesses (classe gestionnaire). Quant au *mode de production communiste*, il a lui aussi, deux classes sociales : les travailleurs qui produisent des richesses et les dirigeants du Parti qui contrôlent l'État. Dire que la société communiste est « une société sans classes » ou dire que c'est « une dictature du prolétariat » est une *mystification idéologique*, qui a pour fonction politique d'interdire et de réprimer les luttes de classes… au nom du communisme ! Historiquement, il s'est agi d'une *« dictature* (des dirigeants politiques du parti qui prétend représenter les intérêts) *du prolétariat »* – ces dirigeants ont tout intérêt à oublier et faire oublier ce que j'ai écrit dans la parenthèse !

c- *Le problème (social, politique, éthique) n'est donc pas qu'il y ait des classes sociales dans une société* (elles sont rendues nécessaires par la division du travail), ni que la classe productrice soit obligée de produire un surplus de richesses (elle doit forcément en produire plus qu'elle n'en consomme), ni même que ce surplus soit approprié et géré par une classe gestionnaire (cette gestion est toujours nécessaire). *Le problème est ailleurs : il est dans l'usage social que la classe gestionnaire fait de la richesse produite par le travail nécessaire et par le travail excédentaire. Or, elle peut en effet en faire deux usages : un « usage dominant »* et/ou un *« usage dirigeant »*, comme le montre clairement le schéma ci-dessous.

La classe gestionnaire a toujours une *tendance spontanée à être plus dominante que dirigeante* (nous verrons plus loin pourquoi). Concrètement : elle a tendance à réduire les coûts du travail nécessaire et à profiter du produit du travail excédentaire pour satisfaire ses propres intérêts. L'histoire nous a largement prouvé qu'une classe gestionnaire ne devient moins dominante (donc plus dirigeante) *que quand elle est forcée de l'être* par un puissant mouvement social d'une classe productrice unie et organisée, qui met en péril son mode de gestion de la richesse (exigence de réformes), ou bien par un puissant mouvement politique qui vise à la supprimer en tant que classe gestionnaire (menace de révolution). En général, les classes gestionnaires ne comprennent que ce langage-là (sauf quelques individus généreux – ils existent –, mais isolés).

Modes de gestion de la richesse économique produite :	**Usage dominant** (selon les intérêts privés de la classe gestionnaire)	**Usage dirigeant** (selon l'intérêt général de toute la collectivité)
Produite par le travail nécessaire :	Réduire le plus possible les coûts de la force de travail (les salaires et la Sécurité sociale, la qualité des conditions de travail et de vie).	Payer une juste rémunération du travail et assurer à la classe productrice des conditions décentes de travail et vie.
Produite par le travail excédentaire :	Augmenter le plus possible les gains de la classe gestionnaire, s'attribuer des privilèges, et négliger le plus possible l'intérêt général.	Financer l'État (payer ses impôts) ; Respecter les consommateurs et les droits humains ; respecter la nature ; Réinvestir ses bénéfices et créer des emplois.

Pour identifier un mode de production, il faut répondre aux trois questions qui suivent. Celui qui connaît les réponses à ces trois questions sait aussi qui sont les classes sociales et comment la lutte de la classe productrice doit s'organiser si elle veut être efficace (obtenir des réformes, et au besoin, faire une révolution).

a) Quel besoin vital oblige la classe productrice à fournir un surtravail et à produire un surplus ? Et donc, qui est la classe productrice ?

b) Comment la classe gestionnaire crée-t-elle, ou profite-t-elle de ce besoin vital qui va lui permettre de s'approprier la richesse produite par la classe productrice ? Et donc, qui est la classe gestionnaire ?

c) Comment la classe gestionnaire gère-t-elle les richesses produites ? Pourquoi en fait-elle un usage dominant et en quoi consiste cet usage ?

2- Le mode de production du capitalisme néolibéral

Reprenons les trois questions que je viens d'énoncer, afin de rappeler clairement en quoi consiste le mode de production du capitalisme néolibéral.

a- Quel besoin vital oblige la classe productrice à fournir un travail excédentaire et à produire un surplus ? Et donc, qui est la classe productrice ?

Dans n'importe quel mode de production, le « besoin vital » est vécu comme tel parce qu'il est à la fois *objectif* (« quelque chose » manque) et *subjectif* (ce « quelque chose » est hautement valorisé par la culture régnante). La culture régnante est ce qui « dit » aux humains en quoi consiste une « vie qui vaut la peine d'être vécue » : elle leur dit ce qu'ils doivent faire, dire, penser et sentir s'ils veulent se considérer eux-mêmes et être considérés par les autres comme menant une vie qui a du sens, une « vie bonne », une « vie digne ».

Or, la culture régnante d'aujourd'hui n'est plus du tout la même que celle qui a régné durant la *« première modernité »* (période située entre la fin du XVIIIe et jusqu'aux deux tiers du XXe siècle). Les gens d'alors croyaient qu'avoir une « vie digne », c'était *jouir des bienfaits du Progrès* : travailler pour améliorer constamment leurs conditions matérielles et sociales de vie ; participer comme citoyens à la démocratie parlementaire représentative ; essayer de « grimper » dans la hiérarchie sociale ; accomplir scrupuleusement leurs devoirs sociaux ; et servir leur patrie (voire mourir pour elle). Ce sont ces croyances-là qui ont donné du sens à la vie et au travail acharné de nos ancêtres. Cependant, depuis les années 1970-1980, ces valeurs ont commencé à perdre de leur crédibilité. Ce qui signifie que tous ceux qui sont nés après cette époque, après avoir connu un « vide culturel » relatif, ont reçu *d'autres valeurs* : nous sommes entrés dans la *« seconde modernité »* qui s'est installée tout doucement dans les esprits et qui, en 2021, y est solidement enracinée. Les gens d'aujourd'hui ont une autre conception de la « vie digne ». Quelles sont leurs valeurs ?[59] Ce que *la culture régnante* d'aujourd'hui ne cesse de leur répéter, par tous les messages culturels qui leur sont adressés (et en particulier par la publicité), c'est : *« sois ou deviens toi-même », « choisis ta vie : décide pour toi » ; « sens-toi bien dans ta tête, dans ton cœur et dans ton corps : sois heureux » ; « sois prudent, et sois tolérant »*. Dès lors, pour chaque individu, le « besoin vital » est devenu un besoin de réaliser son identité personnelle en devenant sujet de lui-même et acteur autonome de sa vie personnelle. *Ce besoin est donc bien vital car c'est leur identité personnelle* qui est en jeu : s'ils ne sont pas capables de relever le défi de devenir eux-mêmes, ce seront des « nuls », des « loosers », ils ne seront personne aux yeux des autres, ils seront socialement morts et ils en tomberont malades (*burn-out*, dépression, suicide, délinquance, drogue, terrorisme…).

Or, *certains biens sont indispensables pour parvenir à être sujet* : éducation, santé, sécurité, autonomie, confort, liens sociaux… C'est pourquoi ces biens sont si hautement valorisés de nos jours par la culture régnante. C'est pour disposer de ces biens que d'innombrables individus sont prêts à s'endetter et à travailler dans n'importe quelles conditions pour s'assurer des revenus et pour payer leurs dettes : ils forment *la nouvelle classe productrice*. Pour la

[59] Il existe de nombreuses études qui démontrent ce changement de conception de la « vie bonne » dans la culture qui règne de nos jours. Voir les « Enquêtes européennes sur les valeurs », menées dans tous les pays d'Europe depuis les années 1980. Et ces valeurs se sont répandues aujourd'hui dans les pays du Nord-Occidental, et dans une grande partie des pays du monde, en particulier en Amérique latine.

nommer correctement, il faut utiliser un mot qui dise clairement le besoin vital qui oblige cette classe à fournir un travail excédentaire par lequel elle enrichira la classe gestionnaire. Je pense qu'il faut la nommer *« la classe consommactrice »*, car c'est *en achetant* tous les biens dont ils ont besoin pour être sujets et acteurs de leur vie personnelle et *en s'endettant*, que ses membres remplissent leur fonction de classe productrice, c'est-à-dire, enrichissent la classe gestionnaire néolibérale. Mais, en même temps, c'est en étant « actrice », en luttant contre la manipulation dont elle est victime, qu'elle pourra contribuer à l'intérêt général.

b- Comment la classe gestionnaire crée-t-elle ou profite-t-elle de ce besoin vital, qui va lui permettre de s'approprier la richesse produite par la classe productrice ? Et donc, qui est la classe gestionnaire ?

Nous allons voir ici que le besoin vital, qui fait travailler et s'endetter la classe consommactrice, est systématiquement créé et sans cesse recréé par la classe gestionnaire néolibérale elle-même. Comment ? *Par l'idéologie néolibérale (dont nous reparlerons).*

Toute idéologie est toujours une *interprétation* de la culture régnante, qui convient aux intérêts de l'acteur dominant qui la crée et la diffuse. Il s'agit donc *une interprétation mystificatrice* puisqu'elle vise à faire passer l'intérêt particulier de cet acteur pour l'intérêt général. Nous avons vu plus haut que la culture régnante appelle les gens d'aujourd'hui à être sujets d'eux-mêmes et acteurs autonomes de leur existence. Nous avons vu aussi ce que cela veut dire : c'est un appel à **être** (à construire une identité personnelle surtout, mais aussi parfois, une identité collective). Cependant, on peut facilement interpréter cet appel autrement : comme un appel à **avoir**. En diffusant massivement *l'idéologie néolibérale*, la classe gestionnaire capitaliste a réussi à faire croire à des millions de gens que, pour devenir sujet de soi-même, il faut être un *Consommateur* insatiable, un *Compétiteur* impitoyable et un individu sans cesse

Connecté sur les réseaux sociaux : *un « individu CCC »*. Socialiser des individus qui ressentiront le besoin irrépressible de consommer et de s'endetter pour renouveler constamment les biens et les services qu'ils achèteront, qui valoriseront et croiront aux vertus de la compétition et qui passeront leur vie connectés à des écrans (cinéma, télévision, ordinateur, smartphone, etc.) correspond très exactement aux intérêts de la nouvelle gestionnaire néolibérale. Pour « fabriquer » ce genre d'individus, cette classe gestionnaire *manipule les besoins* par la publicité omniprésente, qui envahit la vie quotidienne dans le monde entier, par l'intermédiaire des masses médias. En faisant cela, elle crée et recrée sans cesse le besoin vital qui fait travailler la classe consommactrice, dont les membres sont continuellement reproduits dans leur position de classe. Ils peuvent difficilement en sortir, car cette manipulation psychologique fait d'eux des *individus aliénés.*[60] Entendez par là qu'ils sont « autres » (*alien*) que ce qu'ils croient ou voudraient être, que leur identité est faussée parce qu'ils confondent l'être et l'avoir. Ils ont une « fausse conscience » comme disait Georg Lucáks.

Qui est alors cette nouvelle classe capitaliste néolibérale ? Comment se reproduit-elle, comment persévère-t-elle et s'enrichit-elle ? Ce qui est essentiel pour un investisseur qui fait partie de cette classe, pour qu'il y reste et y prospère, ce n'est plus (comme hier) de savoir produire en exploitant de la force de travail dans les usines, mais de *savoir vendre*, de *savoir endetter* les consommateurs, de *savoir investir* dans des opérations rentables, *et de savoir spéculer* sur les prix et les flux financiers. Pour pouvoir faire cela, il faut que les

[60] On peut montrer que, dans tout mode de production, la classe gestionnaire parvient à recréer sans cesse le besoin vital qui oblige la classe productrice à fournir un travail excédentaire : elle met à la disposition de cette dernière les moyens dont elle a besoin pour satisfaire ce besoin, mais cette satisfaction est toujours *incomplète,* donc *provisoire.* Le chantage sur lequel repose toute relation de classe comporte toujours une forme de manipulation des consciences que le marxisme appelle « aliénation ».

membres de cette nouvelle classe gestionnaire soient *compétitifs* (plus compétitifs les uns que les autres, sinon ils s'élimineront entre eux : voir le point suivant). Et, pour être compétitif, *il faut qu'il se fasse aider.* La classe gestionnaire néolibérale peut ainsi compter sur quelques serviteurs dévoués et très, très bien payés. J'en vois huit, que j'ai cités au chapitre II (voir le troisième âge du capitalisme).

Mais comment faut-il nommer celle nouvelle classe gestionnaire néolibérale ? Ici encore, il faut choisir avec soin les mots qui la définissent clairement et ce n'est pas facile. Ce sont les conseils d'administration et les assemblées des actionnaires des grandes entreprises multinationales et des banques (ceux qui se réunissent une fois par an à Davos). On pourrait résoudre facilement le problème en les appelant la « classe davosienne », mais ce serait un aveu d'impuissance. Disons plutôt qu'il s'agit d'une ***« classe compétitiviste »*** (parce que c'est leur capacité compétitive qui les enrichit).

c- Comment la classe gestionnaire gère-t-elle les richesses produites ? Pourquoi en fait-elle un usage dominant et en quoi consiste cet usage ?

Selon *l'idéologie libérale* qu'elle diffuse, cette classe ne fait évidemment pas un usage dominant des richesses : au contraire, *elle protège* ! Elle protège qui ? Les consommateurs, c'est-à-dire, justement, la classe dominée. Comment ? En sélectionnant, grâce à la compétition que les entreprises sont obligées de pratiquer entre elles (au nom du libre-échange), des produits de qualité toujours meilleure et toujours moins chers. Or, la logique de la compétition dans laquelle les membres de cette classe sont engagés *leur fait faire exactement le contraire de ce qu'elle prétend* (d'où la fonction mystificatrice essentielle que remplit l'idéologie libérale). Résultat : la classe compétitiviste est une classe gestionnaire *beaucoup plus dominante que dirigeante*, car elle se livre à un ensemble de *pratiques inciviques qui nuisent à l'intérêt général* et ne servent que ses intérêts particuliers. Pourquoi en va-t-il ainsi ? Puisque la préoccupation majeure de chaque membre de cette classe est de faire des bénéfices commerciaux et financiers, chacun doit forcément être plus compétitif que les autres. Pour augmenter sa compétitivité, il doit *réduire ses coûts de production*, afin de conquérir des marchés commerciaux et financiers. Or, la plupart des mesures qu'il prend pour réduire ses coûts de production *sont contraires à l'intérêt général.*

Que fait-il, concrètement pour rester compétitif ?

– *Précariser les travailleurs :* les payer le moins cher possible ; leur proposer surtout des contrats à durée déterminée ; exiger des conditions de licenciement moins coûteuses et plus faciles ; favoriser le travail au noir ; payer moins les femmes que les hommes ; recourir au travail des enfants ; ne pas payer la Sécurité sociale ; profiter des aides publiques à l'emploi, mais sans créer des emplois stables ; etc.

– *Tromper les consommateurs :* manipuler leurs besoins pour les inciter à acheter et à s'endetter ; leur faire croire qu'un produit est durable alors qu'il ne l'est pas (obsolescence programmée) ; mettre en péril la santé des consommateurs en empoisonnant leur nourriture (végétale ou animale) avec des produits chimiques dont les effets secondaires sont incontrôlables ; etc.

– *Négliger la protection de l'environnement :* polluer l'air, l'eau et la terre ; abattre les forêts ; traiter les océans comme s'il s'agissait de poubelles ; exploiter les ressources non renouvelables sans en laisser aux générations futures ; détruire la biodiversité ; etc.

– *Tricher et corrompre les États :* pratiquer la fraude et l'évasion fiscale ; corrompre des politiciens et des fonctionnaires ; exiger des gouvernants des cadeaux fiscaux ; délocaliser des entreprises importantes pour l'économie nationale ; etc.

– *Privatiser les biens communs :* la privatisation de certains biens (l'éducation, la santé, la justice, les pensions de retraite, les politiques sociales et culturelles, l'information, les communications, l'eau, l'air, les ressources non renouvelables...) est contraire à l'intérêt général. Or la classe dominante néolibérale traite ces biens comme s'il s'agissait de marchandises, destinées à faire des profits, alors que ce sont des biens communs, nécessaires au bien-être individuel et collectif de l'humanité.

– *Pratiquer l'impérialisme :* exiger des conditions avantageuses (pas ou peu d'impôts, des bas salaires, la liberté d'expatriation des bénéfices...) pour investir dans des pays dépendants ; corrompre leurs dirigeants politiques ; trafiquer des armes ou de la drogue ; pratiquer des ingérences politiques pour éliminer physiquement des politiciens, des syndicalistes, des journalistes ; etc.

– *Bafouer les droits humains :* investir dans des pays qui ne respectent pas les libertés et les droits démocratiques ; délocaliser les entreprises pour investir là où les syndicats sont interdits et réprimés ; bafouer les droits des « peuples originaires » dont les cultures sont différentes ; faire travailler des enfants et des femmes dans des conditions insalubres et dangereuses ; etc.

Il importe de bien comprendre que cette tendance de la classe compétitiviste à être plus dominante que dirigeante s'explique par *la doctrine libérale qui régit les relations que les membres de cette classe entretiennent entre eux.* La compétition qu'ils se livrent les incite à négliger l'intérêt général et à préférer leurs intérêts privés. Il faut se demander, en effet, ce que deviendraient les gestionnaires d'une entreprise qui (pour l'une ou l'autre raison) refuseraient d'avoir recours à ces pratiques inciviques. Leurs coûts de production augmenteraient, leur compétitivité diminuerait, et ils se feraient vite éliminer du « jeu » par de plus inciviques qu'eux. C'est pourquoi *ils attendent* que les autres commencent avant eux, à moins d'y être obligés légalement (donc par l'intervention politique d'un État ou d'un ensemble d'États) ! C'est donc une *logique relationnelle*[61] (celle de la compétition) qui les fait se

---

[61] La sociologie (du moins, la mienne !) distingue *quatre logiques relationnelles : la collaboration, le conflit, la compétition et la contradiction.* Les

conduire de cette manière, et non pas un manque de qualités humaines (morales ou civiques) que nous n'avons pas à juger ici (bien sûr, cela peut être une combinaison des deux).

Le credo libéral (celui d'Adam Smith : 1723-1790) montre ici son vrai visage : la « main invisible du marché » est aveugle, immorale, incivique et, en plus, elle est folle puisqu'elle élimine ses propres adeptes pour concentrer les richesses entre les mains des plus forts, c'est-à-dire, des plus compétitifs. Il est donc clair et évident que le credo du libéralisme (selon lequel « la somme des intérêts individuels conduira à l'intérêt général, grâce à la main invisible du marché) est une *mystification idéologique*. C'est évidemment faux, mais c'est ce que les libéraux d'hier et les néolibéraux d'aujourd'hui *ont intérêt à croire et surtout, à faire croire*. Au contraire, cette « main » soi-disant bénéfique conduit à des catastrophes (écologiques, sociales, économiques, politiques) parce qu'elle ne sert qu'à justifier des pratiques immorales et inciviques.

Il faut insister sur le fait que la logique de la compétition est particulièrement perverse. Dans le monde d'aujourd'hui – malgré leurs beaux discours et leurs promesses (qu'ils ne tiennent pas) –, la classe capitaliste néolibérale et les États qui collaborent avec elle,

---

deux premières sont des logiques bénéfiques parce que chaque acteur en relation a besoin, pour atteindre ses objectifs, que l'autre *atteigne aussi les siens* (c'est la logique de collaboration) ; et si l'un des deux ne parvient plus à atteindre ses objectifs à cause de la conduite de l'autre, ils entrent en conflit, afin de restaurer la collaboration sur des bases plus acceptables pour les deux (c'est la logique du conflit). Par contre, les deux autres logiques sont maléfiques parce que chaque acteur en relation a besoin, pour atteindre ses objectifs, que l'autre *n'atteigne pas* les siens. Elles engagent les acteurs dans un « jeu » à somme nulle (tout ce que l'un gagne est perdu par l'autre) : c'est la logique de la compétition (qu'elle soit sportive, politique ou économique) régulée par un arbitre, ou bien, quand la compétition n'est pas arbitrée, elle devient de la contradiction : pour gagner, il faut éliminer l'autre (physiquement ou socialement).

conduisent l'humanité à *l'effondrement*[62]. Tout le monde est dûment averti que nous allons « droit dans le mur » : la violence est partout, l'intolérance règne, l'extrême droite remonte dans l'opinion, la nature ne supporte plus les excès de l'espèce humaine, les insurrections se généralisent. Tout le monde sait ce qu'il faudrait faire, mais… *tout continue comme avant* ! Chacun attend que ce soit l'autre qui commence !

[62] « *L'effondrement* » est le titre d'un livre remarquable et passionnant de Jared Diamond. Il y présente plusieurs cas historiques de communautés humaines (par exemple les habitants de l'Île de Pâques) qui, emportés par des logiques sociales (dans ce cas-là, une logique culturelle ou même religieuse plutôt qu'économique), en arrivent à s'autodétruire. *Pensez-y : si on n'arrête pas les néolibéraux, c'est ce qui va nous arriver* ! *Mais cette fois, cela concernera l'humanité entière, eux compris !*

Deuxième partie

Comment combattre le capitalisme néolibéral ?

Chapitre VIII

Évaluation des résistances et des alternatives au capitalisme néolibéral

Ce chapitre aborde une question particulièrement délicate. En effet, son but est d'évaluer *les chances d'efficacité* des multiples mouvements d'action sociale et politique observables aujourd'hui, dans la lutte qu'ils mènent contre les effets néfastes du capitalisme néolibéral sur les consommateurs, les travailleurs, l'environnement naturel, les États nationaux, les droits humains, etc. Par « efficacité » d'une lutte, je crois qu'il faut entendre : soit qu'elle parvient à *résister* (donc à réduire ou à supprimer) les dommages que cause la logique néolibérale ; soit qu'elle aboutit à éliminer le capitalisme lui-même et à mettre en place un modèle *alternatif* de production des richesses et de gestion de la vie commune. D'où le titre de ce chapitre : « résistances et alternatives ». Si l'exercice me semble délicat, c'est pour plusieurs raisons : parce qu'il est difficile de prévoir l'avenir ; parce que celui qui critique les autres risque fort de diviser plutôt que d'unir ; parce que c'est en faisant cela qu'un chercheur présente ses préférences idéologiques personnelles comme étant « scientifiques » alors qu'elles ne le sont pas toujours… J'assume ces risques, convaincu que je ne détiens aucune « vérité » et disposé à débattre de mes analyses avec tous ceux qui en font d'autres ou qui en savent plus que moi !

1- Essai d'inventaire des luttes actuelles

Pour commencer, il faut essayer de nommer et de classer les nombreuses formes dispersées de luttes contre le capitalisme néolibéral, que l'on peut observer en ce premier quart du

XXIe siècle, dans les sociétés gangrenées par le néolibéralisme. On peut faire cet exercice au moins de deux manières différentes. La première consiste à les distinguer, comme je l'ai fait pour le mouvement ouvrier (voir le chapitre V), selon *les types d'échanges sociaux** entre les acteurs en présence. Comme le montre le tableau ci-dessous, ce critère permet de distinguer *quatre réactions typiques* (éventuellement combinables dans des formes intermédiaires) au mécontentement qu'engendre le régime néolibéral.

Réactions typiques d'opposition au néolibéralisme	**Échanges inclusifs**	**Échanges exclusifs**
Consensuelles (se distancier du néolibéralisme)	***Faire sa révolution personnelle (collaboration)***	***Concurrencer le néolibéralisme (compétition)***
Antagoniques (affronter le néolibéralisme)	***Protester contre le néolibéralisme (conflit)***	***Éliminer le capitalisme néolibéral (contradiction)***

Les réactions *consensuelles* consistent à se distancier du néolibéralisme. On peut le faire de deux manières : soit en faisant sa révolution personnelle, soit en le concurrençant.

La *révolution personnelle* consiste à changer son mode de vie afin de limiter sa consommation (par la « simplicité volontaire » par exemple), de respecter l'environnement dans sa vie quotidienne (en triant ses déchets par exemple), de refuser la compétition (en se montrant solidaire des dominés) et d'éviter de devenir accro à la « dictature d'internet ». Cette réaction a beaucoup de succès aujourd'hui, ce qui s'explique facilement. En effet, le règne du modèle culturel subjectiviste (voir chapitre III), invite les individus à devenir sujets d'eux-mêmes et acteurs de leur existence personnelle ; en outre, le capitalisme néolibéral étant difficile à attaquer (puisqu'il est mondialisé), la révolution personnelle est la solution la plus facile, puisqu'elle n'engage que l'individu lui-même.[63]

Concurrencer le néolibéralisme est ce que font les partisans de l'économie sociale solidaire et ceux du mouvement de la transition. Ils produisent leurs propres biens et services et les échangent entre eux, selon des modalités non capitalistes de production et d'échange. Cette façon de faire a de plus en plus de succès dans de nombreux pays du monde.

Les réactions *antagoniques* consistent à affronter le néolibéralisme. On peut aussi le faire de deux manières, soit en protestant contre ses effets néfastes, soit en cherchant à l'éliminer.

La *protestation* contre le néolibéralisme consiste à organiser des mouvements sociaux qui cherchent à exercer des pressions sur la classe compétitiviste pour l'obliger à être dirigeante, c'est-à-dire, je le rappelle, à s'occuper de l'intérêt général plutôt que de ceux de ses actionnaires et de ses collaborateurs. Ces mouvements ne cherchent pas à éliminer le capitalisme néolibéral mais à limiter et si possible éliminer les dégâts qu'il cause aux travailleurs, aux consommateurs, à l'environnement, aux États, etc.

L'*élimination* du capitalisme néolibéral s'inscrit dans une perspective révolutionnaire, qui passe presque toujours par le recours à la violence. Son but est de le remplacer par un autre modèle économique, social et politique, dépourvu de domination

---

[63] On pourrait aussi défendre l'idée que cette voie est la plus difficile à réaliser, justement parce que l'individu est tout seul. Par ailleurs, et sans être trop catégorique ou heurter de front ceux qui adhèrent à cette croyance, je dois pourtant leur faire remarquer qu'en attendant qu'ils aient fini de « se changer eux-mêmes », ceux qui dominent le monde continuent tranquillement à exercer leur domination. « Se changer » est, sans aucun doute, une très bonne chose, très utile… à soi-même ! Mais elle ne changera rien au régime néolibéral ni à sa domination sociale, sauf si tous ceux qui le font s'unissent et s'organisent, c'est-à-dire fassent ce que précisément, ils ont choisi de ne pas faire !

et respectueux de l'intérêt général (à l'instar de ce que préconisait l'utopie communiste, aux deux premiers âges du capitalisme).

Cette manière de « faire l'inventaire » des formes de résistance et d'alternative que l'on trouve aujourd'hui dans nos sociétés européennes présente cependant un inconvénient : elle ne tient pas compte de la dimension « temps ». Or, le vieux capitalisme du deuxième âge n'est pas encore tout à fait mort : on trouve de nombreuses formes de lutte qui s'opposent au néolibéralisme au nom de la défense des acquis du passé, à côté de celles qui revendiquent les enjeux du futur. Par conséquent, j'ai préféré distinguer ces luttes *selon leurs enjeux*, en introduisant cette dimension du temps. Je les ai donc distinguées en me posant deux questions :

–. S'agit-il d'enjeux déjà acquis dans le passé (avant les années 1970-1975) et qu'il faut conserver, ou au contraire, d'enjeux nouveaux, à acquérir en vue d'un monde meilleur ?

–. Ces enjeux proposent-ils des *résistances alter-néolibérales* (destinées à réformer le capitalisme néolibéral sans pour autant le supprimer), ou bien des alternatives *anti-néolibérales* (visant à le supprimer et le remplacer par un autre modèle) ?

En croisant ces deux variables, on obtient également quatre pôles où l'on peut classer *les formes de résistance et les alternatives au capitalisme néolibéral* que l'on peut trouver dans nos sociétés actuelles (en n'oubliant pas qu'elles ne se situent pas forcément aux extrémités de ces deux axes et qu'elles ne sont donc pas toujours exclusives les unes des autres : elles peuvent se combiner, avec bien des nuances). Voici cet inventaire.

			Rapport au temps	
		Défendre les acquis du passé		***Préparer l'avenir***
		– Mouvt. ouvrier et syndical.		*– Mouvt. écologiste.*

	Radicalité faible ***Résistances alter-néolibérales***	*– Mouvt. paysan.* *– Défense du rôle régulateur de l'État et des services publics* *– Lutte contre la fraude fiscale* *– Défense de la Sécurité sociale* *– Lutte contre toutes les formes d'exclusion sociale*		*– Mouvt. des consommateurs et des usagers* *– Mouvt. du secteur non-marchand* *– Mouvt. féministe* *– Mouvt. des droits humains* *– Mouvt. des homosexuels* *– Mouvt. éthique.* *- Mouvt. anti-spéculation* *– Mouvt. ATTAC*
Degré de radicalité	*Radicalité moyenne*	*– Mouvt. nationaliste « libéral-populiste »*		*– Mouvt. des Indignés, des Anonymous, Occupy WS, etc.* *-Mouvt. alter-mondialiste* *– Mouvt. anarchiste*
	Radicalité forte ***Alternatives anti-néolibérales***	*– Mouvt. marxistes révolutionnaires* *– Mouvt. fasciste* *– Mouvt. religieux* *– Mouvt. ethniques*		*– Mouvt. pour l'économie sociale solidaire* *– Mouvt. pour la transition* *– Mouvt. pour la décroissance*

2- Les critères d'évaluation

Pour évaluer, il faut des critères ! J'ai choisi ceux que j'estime pertinents, en m'appuyant sur les conditions qui ont fait le succès du mouvement ouvrier (voir les chapitres précédents) et que je rappelle brièvement ici. Je propose donc les quatre critères ci-dessous, sans chercher à les imposer, mais… j'y crois !

Premier critère d'efficacité : s'attaquer à des enjeux stratégiques

Comme je l'ai signalé dans les chapitres V et VI, savoir *quels enjeux sont stratégiques* pour la reproduction et l'augmentation de la puissance d'une classe gestionnaire est une condition essentielle pour être efficace dans la lutte que l'on mène contre elle. En effet, elle obéit forcément à une règle simple et claire : *dans un espace géographique donné (un pays, ou un ensemble de pays), une classe gestionnaire ne cède à la pression d'une classe productrice que si elle se sent menacée dans sa capacité de se reproduire elle-même si elle n'y cédait pas.* Il faut donc savoir avec précision quels sont les enjeux essentiels à la survie de la classe compétitiviste, et les prendre pour cibles. J'y reviendrai en détail plus loin, mais je signale d'ores et déjà que, selon mon analyse du capitalisme néolibéral, pour asseoir sa puissance, la classe compétitiviste a absolument besoin de rester compétitive, donc de réduire ses coûts de production, et que, par conséquent, elle est fortement tentée par les conduites inciviques et immorales que j'ai décrites au chapitre VII. Tel sera mon premier critère d'évaluation de l'efficacité des luttes : les mouvements figurant dans le tableau ci-dessus s'en prennent-ils bien à (tous ou certains de) ces enjeux-là ?

Deuxième critère d'efficacité : la nécessité de la démocratie interne

Étant donné la tendance à « l'oligarchisation » – à la dégradation progressive de la démocratie dans le fonctionnement des organisations, processus que Roberto Michels considère comme inéluctable, donc comme une « loi d'airain »[64] –, il me semble très important de se demander si les mouvements identifiés ci-dessus ont bien mis en place des mécanismes de *contrôle rigoureux de leurs dirigeants par leurs membres.* S'ils n'ont pas pris

[64] Voir le livre de Roberto Michels.

cette précaution, la bureaucratisation de leurs organisations sera inévitable et elle aura pour conséquence que les dirigeants ne seront plus motivés *pour* la cause, mais qu'ils vivront *de* la cause. Leur organisation vivra alors davantage pour se reproduire que pour lutter, ce qui réduira considérablement son efficacité. Le fonctionnement démocratique de ces mouvements me semble donc être un deuxième critère d'efficacité.

Troisième critère d'efficacité : la nécessité de l'organisation

Pour s'attaquer à un système aussi complexe et global que le capitalisme néolibéral, il faut, cela me semble évident, *organiser la lutte* – même si cette organisation comporte, comme je viens de le rappeler, des risques certains pour la démocratie. Or, il me paraît clair que *la division et la dispersion,* qu'on peut observer actuellement dans les luttes sociales, rendent à coup sûr toute action collective difficilement efficace. Pour aggraver encore ce problème, il se trouve que, de nos jours, les militants sont très souvent « allergiques » à l'organisation (comme je l'ai signalé et expliqué dans le chapitre VI, en prenant l'exemple des mouvements pour la transition). Cette « allergie » est sans doute bien compréhensible, étant donné l'emprise du modèle culturel subjectiviste, qui règne actuellement (voir le chapitre III). Pour organiser les militants d'aujourd'hui, il est par conséquent très important d'*inventer une nouvelle forme d'organisation, fondée sur une nouvelle conception de la démocratie.*[65] Mais il doit être clair que la capacité d'organisation d'un mouvement est indispensable à son efficacité, car c'est d'elle que dépendent son unité (plutôt que sa dispersion) et la force de son action dans la durée. Je la considère donc comme un troisième critère d'efficacité.

---

[65] Je renvoie ici le lecteur à une bonne analyse de Nicolas Haeringer : « Organiser la spontanéité ». Texte disponible sur le site https://pour.press/.

Quatrième critère d'efficacité : la nécessité d'un relais politique

Une autre conséquence de la mutation du modèle culturel dans nos sociétés est le changement du rapport des citoyens d'aujourd'hui à la politique, et sa conséquence : la crise de la démocratie parlementaire représentative. Celle-ci, qu'elle soit de gauche, du centre ou de droite, est considérée par la plupart d'entre eux comme une « particratie électoraliste », clientéliste et plutôt corrompue. Dès lors, les citoyens s'abstiennent de voter quand le vote n'est pas obligatoire, ou bien ils votent pour des individus situés en dehors de l'éventail politique traditionnel, pour des « personnages nouveaux » (de préférence charismatiques, autoritaires ou populistes). La question ici, n'est pas de savoir si ces citoyens dégoûtés de la politique ont tort ou raison. Je constate seulement que l'idéologie néolibérale, diffusée partout et par tous les médias, est parvenue à convaincre massivement des millions d'individus que leur épanouissement personnel consiste à être des consommateurs insatiables, des compétiteurs impitoyables et des communicateurs infatigables (voir le chapitre III), *ce qui a pour effet de les dépolitiser fortement.* Pour les luttes sociales et politiques, la conséquence est grave car, à ma connaissance, sans relais politiques les mouvements sociaux aboutissent difficilement à des résultats durables. Pourquoi ? Parce que les revendications qu'ils parviennent à arracher, de haute lutte, à leur adversaire ne peuvent devenir des victoires concrètes que si elles sont *traduites dans des lois*, que les tribunaux sont obligés d'appliquer et que les forces répressives doivent faire respecter. Je fais donc du relais politique un quatrième critère d'efficacité.

Selon la théorie sociologique de l'action collective conflictuelle – à laquelle je consacrerai le chapitre X –, il existe beaucoup d'autres conditions qui expliquent l'efficacité relative des luttes sociales. Je pense cependant que les quatre critères identifiés ci-dessus sont essentiels, et suffisent pour évaluer les formes de lutte que l'on peut observer aujourd'hui.

3- Évaluation des chances de succès des résistances et des alternatives actuelles

Je tiens à préciser – et j'insiste beaucoup sur ce point – que les évaluations que je vais formuler ne me sont inspirées *que* par les quatre critères d'efficacité énoncés ci-dessus. Les acteurs qui s'engagent dans les formes de lutte identifiées ici sont, sans aucun doute, remplis d'une bonne volonté à toute épreuve et profondément convaincus que ce qu'ils font est juste et bon. S'ils mettent du temps à trouver le chemin de leur unité, c'est parce qu'ils doivent s'adapter à un nouvel âge du capitalisme, dans un monde de plus en plus complexe. En outre, leur dispersion est tout à fait normale après un bouleversement si profond qui n'a commencé *que depuis quatre ou cinq décennies.* On comprend aisément que les formes d'action observables aujourd'hui « partent dans tous les sens » et que, dans ces conditions, les luttes sociales et politiques soient désorientées, divisées, et qu'elles aient beaucoup de mal à se reconstruire ![66] C'est pourtant ce qu'elles doivent faire, ici, maintenant (et d'urgence, sinon notre planète risque fort de devenir rapidement inhabitable, non seulement pour des raisons écologiques, mais aussi sociales et politiques) ! Ce chapitre n'a donc pas pour but de critiquer, de juger, de condamner. Il vise *uniquement*, croyez-le bien, à *aider les militants à repenser leur unité et à s'orienter* – condition indispensable de leur efficacité.

---

[66] Le mouvement ouvrier et socialiste a mis au moins un siècle avant que les luttes qu'il menait soient devenues efficaces, et cette efficacité n'a pas dépendu entièrement de son action, mais aussi des changements technologiques et sociaux, par lesquels la bourgeoisie préparait la survie de ses entreprises (grâce à la hausse de la productivité du travail).

A- La défense du passé

a- Les résistances

Il est sans aucun doute tout à fait légitime de vouloir défendre les acquis du passé, et il est heureux que les syndicats des ouvriers, des paysans et autres professions soient encore assez forts pour défendre ce qui reste de la Sécurité sociale et de l'État-providence. S'ils ne le faisaient pas, les inégalités, le chômage et l'exclusion sociale seraient plus catastrophiques encore que ce que nous connaissons aujourd'hui.[67] Il est indispensable aussi qu'ils luttent pour la défense du rôle régulateur de l'État et de ses services publics ; qu'ils combattent cette nuisance insupportable que constituent la fraude et l'évasion fiscales ; qu'ils s'opposent fermement aux coupures budgétaires dans des secteurs comme l'éducation, la santé, la justice, la sécurité civile, la culture, l'aide au développement, la solidarité avec les exclus (chômeurs, immigrés, migrants, malades, pauvres...).

Bref, la lutte contre les *réductions des dépenses des États*, contre la *précarisation des travailleurs* et contre la lente *destruction de la Sécurité sociale* sont bien des « enjeux stratégiques » pour les mouvements sociaux, parce que ce sont des conditions essentielles de la reproduction de la classe compétitiviste dans sa position de classe dominante (voir le chapitre I). Elle ne pourrait plus se reproduire si tous les États nationaux s'entendaient entre eux pour lui imposer, par exemple, un code des investissements étrangers, ou un contrat de responsabilité sociale et environnementale.

b- Entre résistance et alternative

J'ai rangé dans une case située entre les résistances et les alternatives, les partis politiques de l'extrême droite, qui ont déjà pris le contrôle de certains gouvernements en Europe occidentale (Hongrie, Pologne, Autriche, Italie...) et aux États-Unis (du temps

---

[67] Il suffit pour s'en convaincre de voir ce qui se passe dans les pays qui n'ont pas su défendre ces enjeux-là.

de Trump), et qui pourraient bien, à l'avenir, aboutir au pouvoir dans d'autres pays (France, Belgique, Hollande…). Avec eux, *« un chantier idéologique et politique tout à fait nouveau s'est ouvert en Europe. »*[68] Ces partis doivent principalement leurs succès électoraux au vote des couches populaires ou moyennes, déçues par la gauche d'hier et plus ou moins désorientées, dépolitisées, et sensibles aux explications racistes. *« Les peuples votent, tout simplement, pour ceux qui promettent de leur rendre le pouvoir de décision. »* Du point de vue des luttes contre le capitalisme néolibéral, ces mouvements sont très ambigus. Ils ne sont certes pas anticapitalistes mais, par plusieurs aspects (le nationalisme, la xénophobie, le protectionnisme économique…), ils sont bien anti-néolibéraux. Puisque nationalistes, ces mouvements libéraux-populistes sont opposés à la mondialisation, aux migrations : et ils constituent une menace pour la démocratie.[69] Ils peuvent *« nous conduire à une sortie non seulement de l'État social, mais même de l'État de droit ».*[70]

Il est vrai que certaines des opinions proclamées par les dirigeants de cette extrême droite conviennent très bien aux néolibéraux. Ainsi, moyennant quelques concessions, les deux courants sont d'accord sur la nécessité d'une politique sécuritaire (tolérance zéro), dès lors qu'il s'agit de sécurité *physique ;* quant à *« la Sécurité sociale, elle n'est centrale dans aucun des deux programmes ».* En ce qui concerne les droits humains et les libertés, néolibéraux et libéraux-populistes s'accordent sur l'interprétation qu'il convient d'en donner : *« La liberté du travail, du commerce, la*

[68] Voir sur cette question l'excellente analyse proposée par Jean De Munck : « La tentation libérale populiste des Européens » (chronique publiée par https://pour.press/). Les phrases entre guillemets et en italiques sont des citations extraites de ce texte.

[69] Il a même un inquiétant « arrière-goût des années 1930 » !

[70] Je suis pour ma part convaincu que la classe compétitiviste n'a que faire de la démocratie. Elle peut fort bien s'accommoder de dictateurs (comme elle l'a fait au Chili, comme elle le fait en Chine, au Brésil ou ailleurs).

libre circulation des capitaux, la protection de la propriété privée, sont certes tout à fait déterminantes. Il n'en va pas de même de la liberté des personnes, de la lutte contre les discriminations ethniques ou religieuses, relativement secondaires du point de vue de la logique d'accumulation du capital. » Ils partagent aussi la même aversion pour la fiscalité, estimant que nos États coûtent trop cher et perçoivent trop d'impôts : *« Sus donc à l'impôt sur la fortune, sur le revenu, sur le patrimoine ; sus aux redevances, aux charges sociales, à la TVA ! »* Quant à leurs divergences, ces deux courants sont prêts à les négocier et à faire des compromis, pourvu qu'ils puissent sauver l'essentiel : l'accumulation des profits.

c- Les alternatives

La désorientation et la dépolitisation des citoyens contemporains expliquent aisément pourquoi beaucoup d'entre eux pensent que *« c'était mieux avant »*, et qu'ils en viennent à revaloriser des utopies qui ont été conçues dans le passé. Il faut pourtant qu'ils se souviennent que ces utopies ont *toutes* été trahies par les mêmes acteurs qui, historiquement, ont prétendu les réaliser.[71] Cette dégradation des utopies en idéologies est un fait observable depuis longtemps : ce fut le cas de l'utopie chrétienne des premiers siècles de notre ère, aussi bien que des utopies modernes (démocratie[72], libéralisme, socialisme, communisme…) qui ont suivi les révolutions industrielles. Malgré cela, les utopies sont des « vieux rêves » qu'il est utile de ne jamais perdre de vue : réaffirmons-les donc, mais en nous souvenant du destin qui les guette.

En outre, certaines utopies sont manifestement encore moins réalisables que d'autres. Je pense, par exemple, que les mouvements

---

[71] Ce qui nous apprend plus sur l'incurable immaturité de l'espèce humaine que sur le caractère illusoire de ces utopies.

[72] J.-J. Rousseau écrivait déjà, en 1762, que « la démocratie est un régime qui convient fort bien aux dieux, pas aux hommes. » (Voir : *Le Contrat social*).

qui cherchent à répéter les expériences communistes n'ont guère de chance de constituer une alternative au capitalisme néolibéral, et ce, pour plusieurs raisons. D'abord, parce que ces expériences ont échoué dans un passé trop récent ; ensuite parce que le mode de vie qu'elles proposent est complètement inadapté au modèle culturel qui règne en ce moment ; en outre parce que les mouvements qui les promeuvent aujourd'hui ne sont ni unis, ni démocratiques, et parce qu'ils trouveront difficilement les relais politiques dont ils auront besoin. De même, les mouvements religieux (chrétien, musulman ou autres) ou bien ceux qui réaffirment des identités communautaires ou ethniques, ou encore, les nostalgiques du fascisme, ont les mêmes faiblesses et, en plus, ne sont pas nécessairement anti-néolibéraux. Il en va de même des mouvements régionalistes (catalan, flamand, écossais…) : le plus souvent, ils recrutent leurs membres dans les régions riches qui veulent se désolidariser des régions plus pauvres de certains pays. Que ces mouvements puissent cependant avoir un certain succès dans nos sociétés me paraît s'expliquer aisément par *le décalage entre les espérances* éveillées par le modèle culturel subjectiviste *et la dure réalité* du capitalisme néolibéral. Chez beaucoup de gens, surtout parmi les jeunes, ce décalage est cause d'un profond sentiment de frustration, qui engendre une colère – *une rage* – dont ces mouvements se nourrissent. Bien qu'elle soit tout à fait compréhensible, cette rage peut conduire à des révoltes (en particulier parmi les jeunes) ou à des conduites extrêmes (comme celles des djihadistes ou des terroristes), et elle peut expliquer l'existence de casseurs qui se glissent dans tous les mouvements sociaux, mais en aucune manière elle n'est porteuse d'une alternative efficace au néolibéralisme.

B- La préparation de l'avenir

Tout aussi nombreux et dispersés sont les mouvements qui s'en prennent à des enjeux liés, tantôt plus, tantôt moins, à la logique néolibérale, et/ou qui trouvent leur légitimité dans le modèle culturel subjectiviste. Ici également, il faut distinguer ceux qui proposent des résistances et ceux qui constituent des alternatives plus ou moins crédibles.

a- Les résistances

Les mouvements de résistance indirecte

Ces mouvements obéissent à une logique très claire, qui leur est dictée par le décalage dont il a été question au point précédent. En gros, ils disent à leurs membres : « *Le modèle culturel régnant vous invite à être vous-mêmes, sujets et acteurs de votre vie personnelle, mais, en même temps, l'État vous prive des ressources dont vous avez besoin pour vous conformer à cet idéal culturel, et cela, à cause des concessions que nos politiciens croient devoir, ou qu'ils jugent bon de faire à la classe compétitiviste. Donc, revendiquons ces ressources !* » En effet, plusieurs catégories sociales se sentent frustrées dans leur identité par ce décalage, mais, au lieu de se laisser emporter par une rage imprécise contre « le système », elles se mobilisent pour exiger les ressources (juridiques et/ou matérielles) dont elles estiment avoir besoin, et elles s'organisent (plus ou moins efficacement) dans ce but. C'est le cas des femmes, des homosexuels, des étudiants, des enseignants, des handicapés, de malades, des infirmiers et infirmières et autres travailleurs de la santé, des artistes, des personnes âgées, des chômeurs, des pauvres, des immigrés et autres exclus…

Ces mouvements-là ne s'attaquent *pas directement* à la classe compétitiviste, mais bien aux États nationaux qui, bon gré, mal gré, se sont mis à son service. Ils sont cependant *indirectement* anti-néolibéraux, car *s'ils étaient assez efficaces* pour obtenir des États ce qu'ils leur réclament – la fin des coupes sombres dans les budgets publics destinés aux dépenses de solidarité sociale –, ils obligeraient les entreprises multinationales (et nationales) à payer correctement leurs impôts et à respecter les droits de leurs travailleurs et de leurs clients. Bien entendu – et c'est là que les choses se compliquent – si un État acceptait de répondre aux revendications de ces mouvements, les entreprises installées sur son territoire verraient leurs coûts de production augmenter, et seraient ainsi désavantagées dans la compétition avec les autres sur les marchés internationaux, ce qui les inciterait à délocaliser leurs investissements. Dès lors, chaque État pris isolément se voit contraint de pratiquer une politique d'austérité budgétaire pour « ne pas faire pire que mieux ! » La seule issue à ce problème est que les mouvements sociaux s'unissent non seulement au niveau national (où ils sont beaucoup trop dispersés et trop repliés sur leurs enjeux particuliers), mais qu'ils créent aussi des organisations internationales pour coordonner leurs luttes et obliger les États à renoncer à leur attitude complice et laxiste envers la classe compétitiviste. Hélas ! chacun de ces États a intérêt à être plus accueillant que les autres pour attirer des investissements sur son sol.

Les mouvements de résistance directe

Ces mouvements sont ceux qui s'attaquent directement aux enjeux qui sont stratégiques pour la reproduction et l'augmentation de la puissance de la classe compétitiviste comme classe gestionnaire. Comme je l'ai signalé ci-dessus, ces enjeux sont : *savoir contrôler l'innovation technologique, manipuler des besoins des consommateurs, profiter des problèmes causés à l'environnement, manipuler les marchés financiers et imposer le néolibéralisme aux États nationaux.* Parmi les formes de lutte signalées dans l'inventaire ci-dessus, il est clair que le *mouvement écologiste* et le *mouvement des consommateurs* sont bien des formes tout à fait stratégiques de lutte. Mais d'autres s'y ajoutent : les mouvements contre la spéculation financière, contre la fraude et l'évasion fiscales, contre la corruption, pour la taxation des transactions financières… Et d'autres encore : contre les manipulations du génome humain, contre la brevetabilité du vivant, contre la privatisation de certains biens d'intérêt général (tel que l'eau par exemple) et de certains services qui doivent rester des « services publics » (tels que l'éducation, la santé, etc.).[73] Ces enjeux menacent directement les intérêts de la classe compétitiviste : *ce sont donc ces enjeux-là qu'il faut exiger d'elle pour l'obliger à être dirigeante* ! Cependant, les mouvements qui les revendiquent sont trop nombreux pour être forts et ont bien du mal à s'unir en créant une organisation commune. C'est pourtant d'eux, j'en suis convaincu, qu'une telle organisation pourrait démarrer : aussi longtemps qu'ils ne la créeront pas, la classe compétitiviste aura le champ libre !

b- Entre résistance et alternative

Les mouvements des Alter-mondialistes, des Indignés, des Anonymous, d'Occupy Wall Street, de Nuit-Debout, les Convivialistes, les Anarchistes, et tant d'autres dans le monde, expriment aussi avec plus ou moins de violence la rage anticapitaliste dont il a été question ci-dessus. Ceux qui s'y engagent constituent, si l'on peut dire, une « armée de réserve » d'un futur mouvement social repensé et reconstruit, auquel ils ne manqueront pas de se rallier quand il existera. En attendant, ils partagent les mêmes lacunes que beaucoup d'autres mouvements dont il a été question ici : ils n'ont pas de vision claire des enjeux les plus stratégiques, leur démocratie interne est inopérante parce qu'ils ne parviennent pas à s'organiser, et ils ont tendance à fuir comme la peste toute tentation de se donner des relais politiques. Ils mobilisent donc finalement peu de monde et surtout, ils sont divisés et, par manque d'organisation, ils ne se coordonnent pas (ou peu) entre eux et donc, ils ont du mal à soutenir la lutte dans la durée.

c- Les alternatives

Madame Thatcher prétendait que *« there is no alternative »* ! Pourtant, certains mouvements se proposent de remplacer le capitalisme néolibéral par un autre modèle de société. C'est le cas

---

[73] Lire sur ces questions l'interview de Riccardo Petrella dans le Journal *POUR*, Spécial Climat, n° 3, nov.-déc. 2017 et janv. 2018.

plus précisément du *mouvement pour la transition*, du *mouvement pour une économie sociale solidaire* et du *mouvement pour la décroissance*. Je n'en vois pas d'autres. J'ai analysé le premier dans le chapitre VI et il me semble clair que la transition dont il s'agit est davantage une manière de *fuir* le néolibéralisme que de l'affronter, puisque les « transitionneurs » ne veulent ni organisation, ni conflit, ni relais politique.[74] Ils démontreront peut-être, à force d'initiatives, qu'il est possible de « vivre autrement », qu'on peut *coexister à côté* du néolibéralisme sans s'y intéresser, sans (presque jamais) avoir affaire à lui[75]. Le mouvement pour une économie sociale solidaire me paraît être du même genre, même s'il est sans doute économiquement plus solide et beaucoup mieux coordonné. Ces deux mouvements pourraient peut-être rallier des millions de gens, séduits par leur exemple, prêts à vivre comme eux dans la « simplicité volontaire », et le capitalisme finirait ainsi par disparaître un beau jour, faute d'individus CCC ! On peut rêver, on doit rêver ! Mais il faut surtout descendre dans l'arène.

Quant au mouvement pour la décroissance, il m'apparaît comme le « chapeau » qui coiffe les deux premiers. En effet, la décroissance est indispensable, mais qui va l'imposer à tous ceux qui n'en voudront pas ? Pourtant, si nous ne l'organisons pas nous-mêmes, elle nous sera de toute façon imposée par les changements d'hégémonie capitaliste mondiale qui sont en cours en Chine, en Inde, en Russie, au Brésil, etc. Croire que cela va se faire « tout seul » me paraît être une gigantesque et fatale illusion. C'est oublier la formidable capacité de récupération dont le capitalisme a

---

[74] Dans le langage d'Albert Hirschman, ce serait davantage un mouvement d'« exit » que de « voice ».

[75] Maxime Rodinson parlait, à propos de la France, d'un « socialisme de couvents » et à propos d'Israël, d'un « socialisme de kibboutzim ». Évidemment, ce n'est pas parce qu'il y existe des couvents autogérés, dispersés sur tout le territoire de la France, que ce pays est un exemple de socialisme autogestionnaire. Même chose pour Israël et ses kibboutzim. Même chose aussi pour les initiatives de transition ou d'économie sociale.

toujours su faire preuve, même s'il lui faut faire une guerre pour arriver à ses fins – ne perdons pas de vue que, chaque fois que s'est produite une mutation de l'hégémonie mondiale, cela s'est fait par une guerre !

Pour conclure

Au cours de ma trajectoire (cinquante ans) de recherche en sociologie du changement socioculturel, du développement, et de l'histoire, je n'ai pas trouvé un seul exemple d'une classe gestionnaire qui serait devenue dirigeante (se serait occupée de l'intérêt général) *sans y avoir été obligée*, soit par de puissants mouvements de protestation sociale et politique (des émeutes, des révoltes, des luttes de classes organisées), soit parce qu'elle avait besoin de l'appui de sa population pour faire face à une menace externe, en général, une guerre.[76] *La logique interne des relations entre les membres de la classe gestionnaire à devenir dominante* : *cela me paraît être une constante dans l'histoire des sociétés*, au moins dans celles que je connais le moins mal.[77] Il en a été ainsi avec les aristocraties qui ont dominé les sociétés antiques (grecques et romaines notamment) et ensuite avec celles du Moyen Âge (avec la complicité très intéressée de l'Église catholique) ; il en est allé de même hier avec la bourgeoisie, aux premier et deuxième âges du capitalisme ; il en est même allé ainsi avec les dirigeants des pays qui ont connu des révolutions communistes. Et il en va encore ainsi aujourd'hui avec la classe compétitiviste.

J'en conclus que, si nous voulons savoir comment changer le monde dans lequel nous vivons (que ce soit par des résistances ou par des

---

[76] Prédire l'avenir est toujours dangereux. Mais la guerre commerciale entre les États-Unis et la Chine n'est-elle pas le prélude d'une guerre… tout court !

[77] Je ne prétends donc pas que ce soit ainsi partout et toujours, ni qu'il soit inéluctable qu'il en aille ainsi partout et toujours. Il n'y a pas de « lois » dans la vie sociale (pas de déterminisme absolu).

alternatives au néolibéralisme), *il est absolument indispensable d'en revenir à une analyse de la société en termes de classes sociales.*[78] Marx ne s'est pas trompé quand il a écrit que l'histoire de nos sociétés a toujours été et est encore une « *histoire de luttes de classes* ».

[78] Je pense même que le plus grand succès de l'idéologie néolibérale est d'être parvenue, grâce à la mutation culturelle, à convaincre les acteurs d'aujourd'hui d'abandonner une lecture de la société en termes de classes sociales. Et le comble, c'est que *même les sociologues se sont laissé convaincre* par cette forme contemporaine d'aliénation ! Beaucoup d'entre eux ne veulent plus entendre parler de classes sociales.

Chapitre IX

L'aliénation par l'idéologie néolibérale

Puisque la manipulation idéologique est le procédé fondamental par lequel la classe compétitiviste exerce sa domination, l'aliénation de la classe consommactrice joue un rôle central dans les rapports de classes.

1- La compétition et l'idéologie néolibérale

Des quatre formes d'échanges sociaux*, la classe compétitiviste privilégie, bien entendu, *la compétition,* qui est par définition la manière la plus « naturelle » de créer des inégalités sociales, et qui engendre le plus de contradictions. *L'idéologie néolibérale* repose, en effet, sur l'idée centrale que *« la compétition, c'est bon »* ! Pour vous en convaincre, je vous invite à lire les excellentes chroniques démystificatrices publiées par Omar Aktouf.[79] Vous y trouverez, bien sûr, la critique du credo (vieux de bientôt trois siècles) du libéralisme : *« grâce à la main invisible du marché, la somme des intérêts individuels finit par faire l'intérêt général.* » Ainsi, lorsque la classe compétitiviste déclare que *« la compétition est une bonne chose parce qu'elle permet de sélectionner les produits les meilleurs et les moins chers (rapport qualité/prix) »*, elle prétend servir *à la fois* les intérêts des consommateurs (donc l'intérêt général, puisque nous consommons tous), tout en servant aussi les intérêts particuliers

[79] Vous les trouverez sur le site https://pour.press/. Je vous conseille tout particulièrement, celle dans laquelle il critique *« La main invisible du marché : alibi de domination »*.

des marchands et des banquiers (faire des profits commerciaux ou financiers). Selon elle, donc, tout le monde y gagne !

En tenant ce langage, la classe compétitiviste tient ce qu'on appelle un *« discours idéologique »* : elle fait croire aux gens *que l'intérêt de tous coïncide avec ses intérêts à elle.* Pour leur faire croire cela, elle invoque une raison légitime (défendre les consommateurs) pour ne pas être obligée d'avouer ses raisons illégitimes (s'enrichir en créant des inégalités sociales et du chômage ; en détruisant l'environnement et la santé des consommateurs ; en pratiquant l'obsolescence programmée ; en se livrant à l'évasion et à la fraude fiscales ; en réduisant les ressources financières des États nationaux ; en pratiquant l'impérialisme, etc.). *Peut-on dire qu'elle ment ?* Ce n'est pas si simple : parfois, au moins certains de ses membres croient sincèrement que ce qu'ils font est bon pour tout le monde. Disons plutôt qu'elle ment, mais seulement *par omission* : elle ne dit pas tout, elle trompe les gens, elle triche, elle ne voit pas (ou ne veut pas voir) les conséquences néfastes de ses conduites. Pour arriver à ses fins, elle produit donc une *idéologie,* c'est-à-dire un discours qui lui permet de justifier ses pratiques (ce qu'elle fait), en invoquant de « bonnes raisons », bien légitimes, pour cacher ses raisons illégitimes. Ce « vieux truc » marche depuis toujours ![80]

2- L'aliénation et l'idéologie néolibérale

Or, tout discours idéologique produit de *l'aliénation* : c'est à cela qu'il sert, c'est sa fonction sociale ! Cependant le terme « aliénation » a besoin d'être clairement défini car, en effet, il n'a pas moins de *quatre sens* : 1- être un autre que celui qu'on voudrait être ; 2- céder un bien ou un droit à quelqu'un d'autre ; 3- être

[80] En effet, ce « truc » est vieux comme le monde : je pourrais vous en donner plusieurs exemples, rien qu'en Europe occidentale, depuis les Grecs jusqu'aujourd'hui en passant par les Romains et l'Église catholique.

asservi par la domination d'un autre ; 4- perdre la conscience de soi, jusqu'à la démence mentale. Pour compliquer les choses, le sens qui nous intéresse ici est très complexe, parce que c'est *un mélange des quatre*. Les membres de la classe consommactrice sont aliénés pour ces quatre raisons à la fois :

a- Parce que (bien souvent), le métier qu'ils font pour gagner leur vie ne correspond pas à celui qu'ils voudraient faire pour s'épanouir. Ce sens nous renvoie à l'étymologie du mot « aliénation » : un « *alien* » est un « autre », un individu qui n'est pas ce qu'il voudrait être, qui ne parvient pas à se conformer aux injonctions du modèle culturel subjectiviste régnant qui voudrait qu'il soit sujet de lui-même et acteur de sa propre existence (sens 1).

b- Parce qu'ils doivent fournir *un surtravail pour enrichir quelqu'un d'autre* : quand un consommateur achète un bien ou un service, ou quand il emprunte de l'argent, il doit céder un bien précieux (une partie de son temps de travail) pour gagner l'argent qu'il devra donner à quelqu'un d'autre (le marchand ou le banquier), afin que celui-ci puisse réaliser un bénéfice commercial ou percevoir un intérêt (sens 2).

c- Parce qu'ils sont soumis à la *domination sociale* d'un autre : s'ils refusent ou s'ils protestent contre leurs conditions de travail, ils perdront leur emploi, leur train de vie diminuera, tout leur entourage les désapprouvera, ils ne pourront plus payer leurs dettes et risqueront des ennuis juridiques, ils devront se contenter des indemnités de chômage pour vivre, ils risqueront d'en faire une dépression… (sens 3).

d- Parce qu'ils ont perdu conscience des processus par lesquels ils sont dominés : ils en viennent à ne plus se rendre compte qu'ils sont manipulés, et à valoriser eux-mêmes leurs capacités de bon compétiteur, de bon consommateur, de bon communicateur (d'individu CCC). La violence qu'ils subissent n'est pas seulement sociale, mais *aussi psychologique* : ils doivent satisfaire une pulsion inconsciente qui les pousse à avoir toujours plus. Alors, ils se mettent à courir, avec l'angoisse du chômage, jusqu'au *burn-out* qui parfois les mène au suicide (sens 4).

3- Aliénation et conscience

Comme l'a bien vu Georg Lukács[81], *l'aliéné n'a pas conscience de l'être* : il s'est arrangé avec lui-même pour la perdre, pour ne plus entendre ce qu'elle lui dit, alors, elle a fini par se taire ou bien, s'il en est encore plus ou moins conscient, cela le laisse indifférent : il a une *« fausse conscience »*. C'est pourquoi je pense que le premier défi du mouvement social de la classe consommactrice est de vaincre l'aliénation néolibérale. Il faut que le « manipulé » refuse de devenir ce que la classe compétitiviste a intérêt à ce qu'il devienne : un individu CCC. Il faut qu'il comprenne qu'il ne pourra pas se réaliser comme sujet de lui-même et acteur de sa vie personnelle en obéissant à cette idéologie. Plus précisément, il faut que chaque individu refuse de se laisser séduire par la publicité et qu'il cesse d'entrer dans « le jeu » que la classe compétitiviste attend qu'il « joue » : passer sa vie à comparer des prix, à collectionner soigneusement les bons ou les timbres de ristourne, à acheter du neuf chaque fois que la mode change ; devenir accro à son smartphone ou son ordinateur ; ne plus s'intéresser à la politique ou aux causes collectives, etc.

Comme l'écrit très justement Philippe De Leener[82] dans une audacieuse chronique, il ne suffit pas de sauver le climat, même si c'est évidemment un des problèmes majeurs de notre temps. Il faut

---

[81] Georg Lukács (1885-1971, fils d'un banquier) était un sociologue marxiste hongrois bien connu. En plus de sa sociologie de la littérature, on retient surtout de lui son étude sur l'aliénation : *Histoire et conscience de classe* (1923).

[82] Philippe De Leener : « Sauver le climat. Et puis c'est tout ? Tranquille ? », sur le site https://pour.press/

aussi *« décoloniser notre imaginaire »*. En effet, ceux qui sont colonisés ont souvent tendance à idéaliser le colonisateur et à vouloir devenir comme lui. Or, notre imaginaire est aujourd'hui « colonisé » par l'idéologie néolibérale (comme il l'a été hier par d'autres idéologies). Nous avons tendance à trouver tout naturel que *« la compétition, c'est bon, parce qu'elle sélectionne les meilleurs »* : cela nous paraît évident (comme dans le sport), alors que cela n'a rien de naturel. Au contraire, c'est entièrement culturel et loin d'être toujours vrai. Parfois, en effet, la compétition nous permet de nous dépasser, de faire mieux, de progresser vers une amélioration de nos conditions de vie. Mais le plus souvent, elle ne profite qu'à ceux qui ont intérêt à ce qu'elle soit la plus dérégulée possible (pas de règles, pas d'arbitre !). Ceux qui en tirent profit sont les plus forts, les plus agressifs, les plus tricheurs, les plus cyniques, qui peuvent ainsi en toute légitimité éliminer tous leurs concurrents : *« on a gagné, donc on est les meilleurs »*. Or, c'est faux : la plupart du temps, ce sont les pires qui gagnent !

Il faudra donc, comme le signale De Leener, pour nous « décoloniser », faire preuve de beaucoup de *créativité*. Le défi est énorme : il faut d'abord refuser de *« se replier sur soi »* (comme individu, comme famille, comme cercle d'amis proches, comme communauté). Mais il est difficile de ne pas confondre l'appel du modèle culturel subjectiviste qui règne aujourd'hui (*« sois toi-même, sujet et acteur de ton existence personnelle »)* avec un appel à l'individualisme. Tant de gens assimilent les deux et cette confusion est savamment entretenue par l'idéologie néolibérale qui y trouve son compte. Il ne faut donc pas confondre l'appel au sujet (qui est un appel à la créativité individuelle *et collective*) avec le *repli identitaire*, quel qu'il soit : ni sur l'identité individuelle, ni sur une identité religieuse, linguistique, ethnique, raciale, communautaire, régionale ou nationale.[83] Ce sont là, écrit De

[83] Comme le dit bien Alain Touraine dans son dernier livre : *Défense de la Modernité* (Paris, Seuil, 2018).

Leener, « *deux visages du même mécanisme qui participe tous les deux de l'illusion qu'on peut recomposer, à son image et à son usage, la société qui est là autour de soi.* » L'appel au sujet est en effet un appel à la créativité, qui devrait nous permettre de nous attaquer à la source de tous nos maux : la logique de la compétition, et pire encore, celle de la contradiction.

Par bonheur, un signe d'espoir se fait jour qui, après trois ou quatre décennies marquées par la crise de notre « ancien régime », pourrait enfin libérer la créativité indispensable pour inventer un autre mode de vivre, de penser, de sentir. Les *très jeunes* – ceux qui ont entre quinze et vingt-cinq ans, ces générations que l'on nomme X, Y ou Z – semblent avoir compris bien mieux que leurs aînés comment il fallait s'y prendre pour décoloniser notre imaginaire et, peut-être, éviter les catastrophes qui nous menacent. Leurs mouvements soulèvent une grande émotion dans le cœur des adultes et éveillent enfin beaucoup d'espérance. Pourvu qu'ils ne vieillissent pas !

Chapitre X
Qu'est-ce qu'un mouvement social ? L'exemple des « Gilets jaunes »

Le présent chapitre a pour objet de proposer la création d'un mouvement social de la classe consommactrice. Selon moi, celui-ci redonnerait un sens aux luttes de classes d'aujourd'hui, en les adaptant au capitalisme néolibéral. Hélas, c'est plus facile à dire qu'à faire. C'est pourquoi ce chapitre sera consacré aux *conditions de possibilité* d'un tel mouvement social. Nous venons précisément d'avoir sous les yeux un exemple significatif, celui des « Gilets jaunes », qui prouve que ce type d'action n'est pas impossible. Analysons-le ici, à la lumière de ce que les sociologues savent (ou croient savoir) des mouvements sociaux.

1- Construire un mouvement social n'est pas toujours possible

Promouvoir un mouvement social, c'est toujours construire un « *nous* » (une *solidarité* entre des « je ») qui s'engage dans un échange conflictuel contre un « *eux* » (un *adversaire*) pour revendiquer un « bien collectif » matériel ou symbolique (au nom d'un *enjeu*), et qui met en œuvre certaines « *méthodes* » efficaces de lutte (une *stratégie*). Exemples classiques : « nous » (les ouvriers, les femmes, les Noirs, les immigrés, les homosexuels, etc.), contre « eux » (les bourgeois, les hommes, les Blancs, les Belges, les hétérosexuels, etc.), « au nom d'un bien dont « nous » estimons être privés (le bien-être, la liberté, l'égalité des genres, des races, des cultures, etc.), et que nous revendiquons par certaines « méthodes » (la grève, les manifestations de rue, le boycott, etc.)[84]

Construire une telle forme d'action est souvent très difficile, et parfois même impossible, parce que *tous ceux qui sont victimes d'une privation (d'un « bien » quelconque) ne sont pas disposés à s'engager dans une action collective conflictuelle.* Et ce pour trois raisons au moins :

a- La première raison est que *la privation d'un « bien » n'engendre pas toujours de l'indignation* chez ceux qui en sont victimes. Ils sont conscients de la privation, ils en conçoivent même de la frustration, mais pas forcément un sentiment d'injustice. Or, il n'y a d'indignation que si les intéressés estiment que *« ce n'est pas juste, pas bien, pas normal »* d'être traités comme ils le sont. Mais, la plupart du temps, ils se font une raison : ils se disent que *« c'est ainsi depuis toujours »*, que *« c'est naturel et qu'on n'y peut rien »* et même que *« c'est la fatalité, que c'est Dieu qui l'a voulu ainsi »* ou, pire encore, que *« c'est de notre faute »* ! Et ils se débrouillent comme ils le peuvent : tantôt ils font même preuve d'un plus grand dévouement envers ceux qui les dominent, en espérant être récompensés pour cela ; tantôt, au contraire, ils trichent et profitent du « système » ; ou bien ils font les deux !

b- La seconde raison est que, *même ceux qui ressentent de l'indignation ne se mobilisent pas toujours* dans un mouvement social. Ils cherchent souvent d'autres réponses moins coûteuses que de s'engager dans un conflit ouvert et ils se donnent pour cela de bonnes raisons : *« ce n'est pas ça qu'il faut faire, ça ne sert à rien ».* Ils préfèrent soit une solution individuelle *(« je fais ma révolution personnelle », « je fais mon jardinet », « je trie mes déchets »)*, soit un projet collectif, mais limité à de petits groupes (*« je participe à un groupe d'achats en commun », « je place mes économies dans une*

[84] On aura reconnu les trois principes constitutifs d'un mouvement social selon Alain Touraine : l'identité (*nous*), l'opposition (*eux*) et la totalité (*au nom d'un enjeu*), auxquels j'en ajoute un quatrième (*les méthodes*).

banque éthique »). Ainsi, les solutions qu'ils adoptent résolvent bien leur propre problème (ils échappent peu ou prou au néolibéralisme), mais ne présentent pas de véritable menace pour le « système » ; parfois même, leurs actions sont « fonctionnelles »[85] par rapport à ce « système ».

c- La troisième raison est que, *même ceux qui se mobilisent ne s'organisent pas toujours* : ils peuvent se rebeller, participer à des émeutes, se défouler pendant quelques jours, faire des dégâts à des personnes innocentes ou aux biens publics… puis rentrer chez eux et continuer à vivre comme avant ! Les exemples ne manquent pas de rébellions coûteuses en vies humaines et en dégâts matériels, qui n'ont servi qu'à justifier la répression qui leur a été opposée, mais ont été entièrement inutiles à la résolution du problème qui les avait provoquées.

Bref, la formation d'un mouvement social efficace passe par la résolution des trois problèmes que je viens de signaler. Il faut *que ceux qui sont privés s'indignent, que les indignés se mobilisent, et que les mobilisés s'organisent.* Mais pour qu'il en soit ainsi, plusieurs conditions doivent ête réunies : certaines de celles-ci peuvent être créées par l'action du mouvement lui-même, mais d'autres sont indépendantes de son intervention, donc hors de sa portée. Je rappelle que les conditions que je vais citer ci-après ne sont pas des « conditions nécessaires et suffisantes » comme celles que l'on trouve en physique. Nous avons affaire à des humains, à des êtres dotés de conscience qui peuvent, tantôt plus, tantôt moins, choisir leurs comportements : ils ne sont donc jamais soumis entièrement à des causes efficientes (à un déterminisme absolu). Chacune des conditions citées ci-dessous est *utile, contribue à* la formation d'un mouvement social, augmente la *probabilité* de sa survenance, mais celle-ci peut aussi se produire si certaines d'entre elles manquent à

---

[85] Comme l'explique bien Philippe De Leener : *« Viva for Life : une alternative dérisoire à la solidarité »* (voir sa chronique sur le site https://pour.press/).

l'appel, ou au contraire, ne pas survenir si elles sont toutes réunies ! C'est pourquoi les mouvements sociaux sont le plus souvent imprévisibles : qui avait prévu le mouvement des Gilets jaunes ?

2- Les conditions d'efficacité d'un mouvement social

a- De la privation à l'indignation

Pour que le « bien » dont les individus sont privés engendre chez eux un sentiment de frustration qui provoque leur indignation, il est utile :

C1- que ce « bien » soit hautement valorisé par le modèle culturel régnant ;

C2- qu'il fasse partie d'un objectif utopique à long terme ;

C3- que les individus qui le revendiquent aient des raisons d'espérer obtenir ce « bien » ici et maintenant ; et

C4- qu'ils attribuent leur privation à un adversaire qu'ils tiennent pour responsable (réel ou imaginaire) de leur privation.

L'exemple du mouvement des « Gilets jaunes »

Ils sont incontestablement très indignés ! Tentons d'exprimer ci-après ce que, probablement, chacun des membres de ce mouvement déclarerait : *« Que le gouvernement Macron veuille faire payer par la classe moyenne, qui a déjà tant de mal à joindre les deux bouts en fin de mois, une taxe sur les carburants pour financer la transition écologique, quand ce même gouvernement exempte les gens riches d'impôts sur leur fortune, alors que ce sont eux, précisément, les grands responsables des dégâts environnementaux, c'est trop : c'est proprement scandaleux, inadmissible, intolérable ! »* Le bien dont ils se sentent privés, c'est leur pouvoir d'achat : le coût de la vie ne cesse d'augmenter et leurs revenus ne suivent pas, dans une culture qui, pourtant, valorise au plus haut point l'accès à la consommation. L'utopie qui inspire leur indignation, c'est la justice, l'égalité sociale, alors que les inégalités de pouvoir d'achat sont déjà trop grandes et ne cessent de croître. Or, la gauche (celle de François Hollande) n'y avait rien changé, et ils avaient espéré, après le départ des socialistes, que tout irait mieux, grâce à Emmanuel Macron : un homme nouveau, jeune, intelligent, plein de promesses, qui n'appartenait à aucun de ces vieux partis corrompus et inutiles. En lui, ils avaient déposé toute leur espérance. Or, *« voici que ce président prétentieux et arrogant, qui se croit sorti de la cuisse de Jupiter, mais qui ne sait pas écouter son peuple, montre maintenant son vrai visage : il gouverne entouré de technocrates, il favorise les riches, il trahit sans vergogne ses électeurs et il les déçoit profondément ! » L'espoir déçu* me paraît être la condition fondamentale de leur indignation.[86] Ce sentiment d'injustice, d'abandon, a été préparé par plusieurs gouvernements successifs (déjà depuis François Mitterrand) : il constitue une *« rupture du pacte social implicite »* entre les élites et leur peuple, suite au *« démantèlement progressif des protections apportées par l'État* [...] *qui, en France, a joué un rôle central pour tempérer les contradictions entre le travail et le capital »*.[87]

---

[86] Comparaison instructive : en 1789, sentant venir des troubles sociaux graves, le roi Louis XVI proposa aux Français (des trois ordres : tiers-état, noblesse et clergé) de rédiger des « Cahiers de doléances » et d'y exprimer librement leurs revendications. Il en aurait reçu au moins 60 000, qui furent conservés. Ce faisant, il a laissé espérer à tout son peuple des réformes décisives, qui furent d'ailleurs préparées et annoncées. Hélas ! Elles furent bloquées tant par la noblesse que par le clergé ! Selon le sociologue Alexis de Tocqueville, *la profonde déception de cet espoir aurait déclenché la révolution,* qui a coûté sa tête... au roi ! Leçon de l'histoire qu'E. Macron aurait dû méditer soigneusement avant de lancer son « grand débat national » ! Que se passera-t-il quand les propositions de réforme qui en sortiront (peut-être) seront bloquées – car, si elles voient le jour, elles le seront, soyez-en sûrs – par la classe compétitiviste ?

[87] Voir l'article de Laurent Bonelli, « Le soulèvement français : pourquoi maintenant ? », in *Le Monde Diplomatique*, janvier 2019, p. 13.

b- De l'indignation à la mobilisation

Pour que des individus, tout indignés qu'ils soient, se décident à participer à une action collective conflictuelle, à se solidariser avec les autres et à entreprendre des actions (qui ont toujours des coûts : le temps passé, l'énergie dépensée, les risques encourus, l'argent dépensé, et parfois même, les morts), il faut encore d'autres conditions. Il est utile :

C5- qu'ils partagent la même condition sociale : qu'ils se ressemblent par certains critères (âge, sexe, race, profession, nationalité, langue, religion, proximité géographique…) ;

C6- qu'ils ne soient pas seulement unis entre eux par des intérêts, mais aussi par des affects (la même fierté, la même colère, la même haine) ;

C7- que les solutions individuelles à leur privation soient plus difficiles à mettre en œuvre, ou plus risquées, que de participer à un mouvement social ;

C8- qu'ils puissent faire valoir une contribution utile et importante au collectif, au nom de laquelle ils pourront exercer une pression (un chantage) sur leur adversaire[88] ;

C9- que l'adversaire traverse lui-même une conjoncture difficile au moment où le mouvement démarre ;

C10- qu'ils soient entraînés par contagion dans la mobilisation par des activistes, qui osent entreprendre des actions ;

C11- que le mouvement recrute d'abord son noyau dur parmi les catégories sociales pour laquelle la privation est *la moins dure* à supporter[89] ; et

---

[88] L'absence de cette condition est une des raisons pour lesquelles il est plus difficile de mobiliser ceux qui n'apportent pas de contribution (les chômeurs, les exclus, les immigrés, les pauvres, les vieux, les malades…), ou ceux dont la contribution est dévalorisée (les policiers, les prostituées…).

[89] Cette condition, qui peut paraître bizarre, est pourtant très importante. Ce ne sont pas les plus dominés qui se mobilisent les premiers, mais au contraire, ceux qui souffrent le moins de la domination : les ouvriers les plus

C12- que la répression qu'ils devront affronter ne soit ni trop forte (sinon la peur les démobilisera), ni trop faible (sinon elle ne stimulera pas leur solidarité par une histoire construite en commun).

L'exemple du mouvement des Gilets jaunes

Ceux que le mouvement mobilise semblent bien appartenir plutôt à la « classe moyenne » : des commerçants, des artisans, des transporteurs, des travailleurs qualifiés, des retraités…, et ils sont peu politisés, plutôt désabusés par la politique. Ils forment donc un ensemble plutôt hétéroclite, mais ils partagent la même déception et la même colère : ils ne parviennent pas à finir les mois, à vivre « normalement » et voici qu'on voudrait leur rajouter encore des taxes ![90] Ils n'ont pas de solutions individuelles à leur problème : c'est le marché qui fixe leurs revenus mensuels et leurs dépenses, ou bien c'est l'État (mais il est au service du marché). Que pourraient-ils faire d'autre que de protester, d'exprimer leur détresse, en espérant qu'on les entendra ? Pourtant, ces gens-là travaillent dur, ils font ce qu'ils peuvent, ils coopèrent à l'économie nationale, et la France a bien besoin de leur contribution. Or, justement maintenant, E. Macron et son gouvernement traversent une conjoncture difficile : le chômage structurel ne diminue pas (malgré les « cadeaux fiscaux » du gouvernement, il augmente même légèrement depuis quelques mois) ; et la classe compétitiviste délocalise ses entreprises, investit à l'étranger, ou met sa fortune à l'abri des impôts (en Belgique, en Suisse ou dans des paradis fiscaux). C'est donc le bon moment pour protester car l'adversaire est affaibli : en effet, si E. Macron, dont la popularité

---

qualifiés, les femmes de la petite-bourgeoise, les Noirs en voie d'ascension sociale…, parce qu'ils courent moins de risques en se mobilisant puisqu'ils disposent de plus de ressources.

[90] La révolte contre l'impôt est une vieille tradition, notamment en France. Voir le n° 184 (mars 2019) des *Cahiers de Science et Vie*, consacré aux colères populaires (du Moyen Âge jusqu'aujourd'hui) : des Jacqueries aux Gilets jaunes.

est en baisse, perd les prochaines élections, qui les gagnera ? Marine Le Pen attend son tour ! Partout en Europe, le discours populiste de l'extrême droite séduit de plus en plus d'électeurs. Dans un tel contexte, il suffit d'un événement déclencheur (l'annonce de la taxe sur les carburants) pour mettre le feu aux poudres. Les plus audacieux, excités par des agitateurs d'extrême droite ou gauche, allument la mèche (au propre comme au figuré) et les autres les suivent : le mouvement s'est d'abord amplifié, de samedi en samedi, même s'il s'est un peu affaibli par la suite. Le gouvernement s'est montré d'abord intransigeant : le silence hautain du président de la République (qui, blessé dans son orgueil, se décharge sur son Premier ministre, Ed. Philippe) ne fait qu'entretenir la colère. Quant à la répression, elle a fait juste ce qu'il fallait faire : assez forte pour forger l'unité des participants (et tenter d'autres groupes sociaux de les imiter) ; pas assez forte pour leur faire peur (pas d'État d'urgence, pas d'intervention de l'armée). Or, la violence est le résultat d'une relation, et ce sont les forces de l'ordre qui en décident : *« c'est nous, l'institution, qui fixons le niveau de violence de départ. Plus la nôtre est haute, plus celle des manifestants l'est aussi »*.[91]

Bref, les douze premières conditions du mouvement social sont en place : les Gilets jaunes sont indignés, mobilisés et prêts à poursuivre la lutte. Le gouvernement a fini par reculer : rien n'est pire pour les exciter ! Il a promis de suspendre les mesures fiscales, ou de chercher de meilleures solutions. Mais cela ne convainc personne. Au contraire, après quelques semaines d'expérience, ce recul du gouvernement est déjà interprété comme un signe de faiblesse (que d'autres acteurs – les lycéens, les agriculteurs – ont entendu), qui incite le mouvement à continuer. La suite nous montrera si les Gilets jaunes sont capables de mener une bonne

[91] Laurent Bonelli, citant les propos d'un haut responsable français des forces de l'ordre. *Op. cit.* p. 13.

politique d'alliance avec d'autres mécontents de la société française.

c- De la mobilisation à l'organisation

Pour être efficace, un mouvement social doit durer (très) longtemps (des années, voire des décennies). Il ne suffit pas de gagner une bataille, car l'adversaire a la peau dure et il a les moyens de ruser ! Mais, pour durer, il faut s'organiser, *sans quoi, le mouvement ne sera qu'une révolte éphémère*. Et, pour cela, d'autres conditions sont encore utiles :

C13- Il faut un leadership, intelligent, calculateur, indépendant, combatif (ni trop aventurier, ni trop timoré).

C14- Il faut que ces leaders choisissent et proposent à leurs troupes des enjeux accessibles à court terme, qui leur permettront d'accumuler des succès partiels.[92]

C15- Ces dirigeants doivent être capables de rassembler et de gérer honnêtement des ressources pour soutenir la mobilisation : des informations, des alliances, de l'argent…

C16- Il faut que le fonctionnement interne de l'organisation soit, à la fois, très démocratique (que les dirigeants élus soient contrôlés par les membres) et très efficient (que l'exercice de l'autorité soit légitime et efficace).

C17- Il faut que l'organisation du mouvement sache qui sont ses amis et ses ennemis (quels syndicats, quels partis, quels médias) et qu'elle se donne des relais politiques (pour traduire ses victoires en lois).

C18- Et il faut que le mouvement pratique des méthodes de lutte qui soient légitimes aux yeux de l'opinion publique et, si

[92] Car les échecs, comme d'ailleurs les succès *complets,* ont pour effet de démobiliser. *Ceux qui désespèrent d'obtenir ce qu'ils veulent, et ceux qui estiment l'avoir déjà obtenu, rentrent chez eux !* Ceux qui continuent la lutte sont ceux qui espèrent encore et qui restent insatisfaits.

possible, que ses actions ne soient pas contraires aux intérêts d'autres acteurs moins ou pas concernés.

L'exemple du mouvement des Gilets jaunes

Pour les Gilets jaunes, c'est ici que le bât blesse ! Ou plutôt que le bât *blessait* jusqu'à la fin de l'année 2018, car il semble qu'au début de l'année 2019, ils avaient déjà compris ! Mais ils ont une telle peur obsessive de la récupération qu'ils refusent de désigner quelque délégué que ce soit, malgré que (ou justement parce que) le gouvernement lui-même les appelle à s'organiser pour négocier. Pourquoi une telle peur ? Parce que l'idéologie néolibérale régnante exerce sur eux (comme sur la plus grande partie de nos concitoyens) une énorme influence : elle parvient à les transformer en individus dépolitisés et repliés sur leurs intérêts catégoriels. Cette idéologie les incite à ne plus reconnaître la légitimité de la démocratie parlementaire, ni des partis politiques en général, ni même des syndicats ou à d'autres organisations intermédiaires. Ils estiment que toutes ces instances sont susceptibles d'être récupérées par le pouvoir politique. Sans doute n'ont-ils pas tort de craindre cela, car, historiquement, le danger est bien réel. Mais, plutôt que de réagir en refusant toute alliance avec ces organisations (surtout avec les partis et les syndicats), ne feraient-ils pas mieux d'inventer de nouvelles formes de relations avec elles ? N'est-il pas nécessaire, urgent même, que le mouvement se dote d'une analyse qui lui permettrait de situer ses revendications dans l'ensemble des enjeux qui sont concernés par la lutte contre les effets néfastes du capitalisme néolibéral, et surtout, par rapport à la problématique environnementale, avec laquelle il existe quelques tensions ?[93] Il faudrait aussi qu'ils inventent de nouvelles manières

[93] L'État français a grand besoin d'argent (à cause de la dette publique et du coût de son administration) et il aurait sans doute du mal à financer à la fois la transition écologique et le coût d'une politique sociale généreuse pour réduire les inégalités sociales. Mais, s'il a des problèmes financiers, et si, pour

d'organiser le fonctionnement démocratique interne de leur mouvement, notamment de désigner et de contrôler des leaders et des négociateurs, donc de déléguer le pouvoir. L'« assembléisme » – que pratiquent si volontiers les mouvements sociaux depuis mai 1968 –, non seulement n'est pas une forme acceptable de démocratie (les décisions sont prises par ceux qui « gueulent » plus fort que les autres), mais ne les met nullement à l'abri de la récupération (comme l'histoire des soixante-huitards l'a bien montré).

Les méthodes de lutte sont évidemment un autre point faible des Gilets jaunes. Un mouvement social doit savoir organiser un service d'ordre, capable d'expulser de ses manifestations les participants indésirables : ceux qui profitent du mouvement pour se livrer à des activités qui le discréditent aux yeux de l'opinion publique. Or, ils se sont laissé infiltrer par des « gilets bruns » de l'extrême droite et par des « gilets rouges » de l'extrême gauche, ou même par des casseurs qui cherchent surtout à se défouler en « jouant » à provoquer la police. Ces gens-là ont commis – et ont entraîné certains Gilets jaunes à commettre – des violences inacceptables contre des personnes qui ne sont pas leurs adversaires (des pillages de magasins, des incendies de voitures) ou à vandaliser des monuments publics, qui ont une grande importance symbolique. Que je sache, ce n'est que le premier samedi de janvier que les gilets jaunes ont commencé à mettre en place un premier service d'ordre, mais il ne semble pas avoir été très efficace pendant les manifestations des samedis suivants.[94]

---

cette raison, il doit choisir entre les deux, c'est parce qu'il fait des cadeaux fiscaux aux riches (en espérant que cela les incitera à investir en France) et parce qu'il n'en fait pas assez pour lutter contre la fraude et l'évasion fiscale. Ainsi, le « serpent se mord la queue » : il ne devrait pas choisir s'il se donnait les moyens… d'avoir les moyens de faire les deux !

[94] Après quoi, la pandémie du coronavirus les a obligés à faire une longue pause de plusieurs mois.

4- La dynamique de l'action collective

Les conditions favorables mentionnées ci-dessus ne sont évidemment pas données une fois pour toutes. C'est « en marchant » que le mouvement social crée au moins une partie de ses raisons d'être, engendrant ainsi une dynamique propre, par laquelle il se construit lui-même. Cette dynamique est marquée par certains processus :

– L'*explicitation* : le plus souvent, les mouvements sociaux démarrent sur un prétexte, un événement déclencheur, mais sa pratique oblige généralement les acteurs à expliciter, à clarifier les composantes de leur action (les finalités, les enjeux, leur solidarité, leur image de l'autre), et à interpeller d'autres acteurs de la scène sociale. Du même coup, le mouvement clarifie ses frontières et consolide les liens de solidarité internes.

– La *complexification* : l'analyse se fait « en marchant », les enjeux, simples au départ en font surgir d'autres, plus profonds, mettant en présence de nouveaux alliés et de nouveaux adversaires.

– L'*escalade* : une fois qu'ils sont entrés dans les échanges, les acteurs sont souvent incités à y rester, et même à s'y engager toujours davantage. Chaque acteur peut interpréter les réponses de l'autre comme autant d'outrages à son identité, d'où leur radicalisation. Le mouvement se charge ainsi d'affectivité, d'impulsion hostile, d'énergie émotive : faire tort à l'autre devient une fin en soi.

– L'*évaluation* : en se connaissant mieux, les acteurs apprennent à prévoir les conduites de l'autre, à s'organiser en conséquence et à stabiliser leur leadership. Les leaders des deux camps établissent entre eux de nouveaux liens, qui préparent l'institutionnalisation du conflit (avec le risque de sa récupération !).

Ces processus amènent les acteurs à redéfinir leurs objectifs et les modalités de leurs actions, leur imprimant ainsi une dynamique sociale propre, relativement autonome par rapport aux conditions qui favorisent ou découragent l'action collective.

L'exemple du mouvement des Gilets jaunes

Laissons les Gilets jaunes faire leur histoire : quelques mois ne suffisent pas pour prévoir l'évolution de ce mouvement. Pourtant, le mouvement connaît ses limites et cherche à les dépasser : désigner des délégués, se doter d'un service d'ordre, expulser les casseurs, s'allier à d'autres acteurs mécontents de leur situation, établir des accords avec certains syndicats, chercher des relais politiques, complexifier son analyse, préciser ses revendications, évaluer les résultats déjà acquis… et cesser de faire du tort à des innocents !

Chapitre XI

Pour une « eutopie*[95] » mondiale Le développement est le bien commun de l'humanité

EN HOMMAGE A
FRANÇOIS HOUTART [96]

I- Le « bien commun de l'humanité »

Jusqu'au Moyen Âge, certains champs et certaines forêts ne pouvaient pas appartenir aux seigneurs féodaux, car ils étaient des « biens communs » (des « *commons* » disaient les Anglais). Il fallait que tous les habitants des villages ruraux puissent y faire paître leurs animaux d'élevage et y récolter certaines ressources[97] dont ils

[95] Voir le glossaire : **idéologie**, **utopie** et **eutopie**.

[96] Je tiens à rende hommage ici à la mémoire du chanoine François Houtart, professeur de l'université catholique de Louvain et fondateur du CETRI (Centre Tricontinental, à Louvain-la-Neuve) qui, après avoir lutté toute sa vie contre les injustices sociales, a passé les vingt dernières années de sa vie à défendre l'idée du *« Bien commun de l'Humanité »*.

[97] Par exemple, le droit de glanage était reconnu. Et, selon ce que j'ai pu moi-même observer, ce « droit », devenu « coutume » l'était encore après la Seconde Guerre mondiale. Entre 1950 et 1960, au mois d'août, après la moisson des céréales, j'ai vu les femmes des familles les plus pauvres de mon village natal venir glaner les épis de froment, d'orge ou d'avoine, que les machines agricoles des riches fermiers avaient laissé s'échapper en fabriquant des gerbes.

avaient besoin pour survivre. La liberté d'accès à ces espaces communs a disparu, d'abord en Angleterre, quand les grands propriétaires fonciers (les lords de la noblesse) en ont pris possession, en les entourant de clôtures (les *« enclosures »*), pour y élever des troupeaux de moutons et y faire de l'agriculture selon le mode capitaliste de production. C'était déjà à partir du XVIe siècle et surtout durant les deux siècles suivants, quand le commerce de la laine était en pleine expansion en Europe et que l'industrie textile était devenue le secteur le plus lucratif de l'industrialisation en cours. La modernisation industrielle capitaliste a donc éliminé les « *commons* ».

De là nous revient aujourd'hui l'idée qu'il existe des « biens » (au sens large : de grandes valeurs et les ressources nécessaires pour les réaliser) qui ne peuvent pas être appropriés par une classe gestionnaire privée qui les gérerait pour réaliser des profits, en décidant librement de l'usage qu'elle en fera. Ces « biens » sont *indispensables à sa survie des collectivités humaines et de l'humanité* comme espèce : ils répondent à des besoins *vitaux*, ils sont *vitaux*. Le modèle culturel subjectiviste en vigueur actuellement (voir le chapitre III) nous fait considérer comme profondément *immoral* que certains humains puissent profiter de besoins, *considérés comme vitaux* par la culture, pour s'enrichir en assujettissant d'autres humains. En bref et en clair, ce sont des biens qui ne peuvent pas servir pour « faire du fric » !

En quoi consiste ce « bien commun » ? Je considère que ce bien commun est *le développement lui-même* de toute collectivité humaine, quelle qu'elle soit. Mais *qu'est-ce que le développement ?* Je le définis comme la capacité des acteurs d'une collectivité nationale de réaliser certaines valeurs fondamentales en résolvant certains problèmes vitaux de leur vie commune. Voyons plus précisément *quels sont ces valeurs et ces problèmes vitaux.*

1- Les valeurs du développement et les problèmes vitaux de la vie commune*

Les humains doivent absolument *vivre ensemble :* sans relations sociales, ils mourraient. Mais la vie commune a un prix : ils doivent organiser leurs relations entre eux et cela leur pose quelques problèmes vitaux. On peut penser que ce sont là *des problèmes que toutes*[98] *les collectivités humaines ont dû et doivent absolument résoudre pour faire leur développement d'une manière éthique et durable (c'est LE bien commun de l'humanité), et que les ressources dont elles ont besoin pour les résoudre doivent être considérées comme LES « biens communs de l'humanité »*. J'ai distingué sept problèmes vitaux de la vie commune[99] et autant de valeurs fondamentales du développement.

Les valeurs du développement	***Problèmes vitaux de la vie commune***
1- Le bien-être matériel pour tous	Produire des richesses économiques, ***mais*** aussi les distribuer de manière équitable pour satisfaire les besoins de toute la population.

[98] Je pense (mais je n'en suis pas absolument certain) que ces problèmes sont communs à toutes les sociétés humaines. Même si ce *n'est là qu'une proposition,* elle m'a cependant souvent servi pour analyser les raisons de leur développement, de leur prospérité, de leur sous-développement, de leur stagnation, de leur déclin ou de leur disparition.

[99] L'anthropologue français Georges Dumézil avait déjà identifié trois fonctions essentielles, que les sociétés indo-européennes considéraient déjà comme vitales pour leur survie : la gestion de la *production*, de la *souveraineté* et du *sacré*. Cette conception s'est transmise aux Grecs, aux Romains (dont les ancêtres étaient indo-européens) et a été reprise ensuite par l'Église catholique au Moyen Âge. Selon elle, Dieu aurait voulu que l'ordre social soit constitué de trois ordres, remplissant trois fonctions différentes et complémentaires : ceux qui prient (les *oratores*), ceux qui font la guerre et protègent la communauté (les *bellatores*) et ceux qui travaillent pour nourrir les autres (les *laboratores*). En proposant de distinguer sept problèmes vitaux, je ne fais que compléter cette conception, pour tenir compte de la complexification de la division sociale du travail dans les sociétés modernes.

2- La paix et l'autonomie nationales	Échanger des biens et des services avec les autres collectivités, ***mais*** sans perdre le contrôle des ressources nationales.
3- La protection de l'environnement naturel	Profiter des ressources que prodigue la nature, ***mais*** sans épuiser celles qui ne sont pas renouvelables, sans polluer l'air, l'eau et la terre et sans porter préjudice à la santé des habitants.
4- La démocratie politique	Établir et maintenir un ordre politique interne, ***mais*** sans excès de violence et en respectant les exigences de l'État de droit et de la démocratie politique.
5- La coexistence pacifique interne	Assurer la coexistence pacifique de tous les groupes d'intérêts qui composent la population, ***mais*** sans en exclure aucun et en respectant les exigences de la démocratie sociale.
6- L'intégration sociale	Socialiser tous les membres de la collectivité (leur enseigner les compétences de la vie sociale), ***mais*** aussi leur donner les ressources dont ils ont besoin pour remplir leurs rôles sociaux.
7- Un projet culturel légitime	Proposer à tous les habitants un projet de « vie bonne » qui donne du sens à leur existence, ***mais*** sans réduire ce projet à l'idéologie des acteurs dominants.

Si je qualifie ces problèmes de *« vitaux »*, c'est tout simplement parce que, si la collectivité ne les résolvait pas, l'existence commune y deviendrait difficile, voire impossible, alors qu'elle est pourtant indispensable à sa survie. Par ailleurs, ces problèmes sont étroitement interdépendants : si l'un d'entre eux n'était pas résolu, il empêcherait de résoudre les autres ou au moins perturberait leur résolution. Enfin, leur importance relative varie selon les conjonctures historiques : certains problèmes sont plus prioritaires que d'autres à certains moments. Par exemple, si une collectivité se trouvait constamment menacée par ses voisines qui convoiteraient son territoire, ou par des troubles sociaux internes continuels ; si elle vivait dans un milieu naturel aride sous un climat inhospitalier ; si son sol ou son sous-sol manquait de certaines ressources essentielles à sa survie ; si sa population augmentait, que ce soit par la fécondité naturelle ou par des invasions venues du dehors ; si elle ne disposait pas d'outils adaptés à la production de son alimentation, il va de soi qu'elle ne pourrait pas accorder la même importance à chacun de ces problèmes : certains seraient plus « vitaux » que d'autres, selon les conjonctures.

Ce qui rend difficile la résolution de ces problèmes vitaux, et donc la réalisation effective de ces valeurs du développement, ce sont *les inégalités et la domination sociale* qui résultent de la logique des relations sociales. Dans la pratique de leurs relations, les acteurs dominants introduisent toujours de la compétition et de la contradiction qui pervertissent la collaboration avec les acteurs dominés ; ils créent ainsi des inégalités qui ne peuvent être maintenues que par la domination sociale et qui ne peuvent donc être atténuées ou supprimées que par des conflits avec les acteurs dominés. Telle est la logique implacable des relations entre les humains !

2- Les intérêts de la classe compétitiviste sont contraires au développement

Le lecteur aura sans doute remarqué que, dans le tableau ci-dessus, les énoncés de chacun des sept problèmes vitaux de la vie commune comportent toujours un **« mais »,** que j'ai soigneusement mis en évidence. J'ai voulu ainsi attirer l'attention sur le fait que la classe compétitiviste ne s'intéresse qu'à la première partie de ces énoncés et n'accorde guère d'importance à la seconde (celle qui suit les « mais »). Voyons cela de plus près.

a- Mais aussi redistribuer la richesse

La classe compétitiviste n'est pas du tout disposée à partager les plantureux bénéfices commerciaux et les intérêts financiers qu'elle engrange avec ceux qui les produisent en travaillant et en consommant. En effet, la redistribution des richesses repose sur quelques exigences fondamentales qu'elle ne respecte pas : elle précarise les travailleurs, elle manipule et trompe les consommateurs. D'où la montée des inégalités sociales et les nombreux conflits qui en résultent.

b- Mais sans perdre le contrôle des ressources nationales

La base territoriale de la classe compétitiviste est située dans les États les plus hégémoniques du monde, qui se sont tous ralliés à sa cause. En outre, ces États hégémoniques sont la principale source de financement des grandes organisations internationales, qui s'efforcent d'imposer le modèle capitaliste néolibéral au monde entier, pratiquant ainsi une politique impérialiste, qui fait perdre la quasi-totalité de leur indépendance aux pays dépendants (à travers les investissements des entreprises multinationales, l'échange inégal, l'endettement, la corruption...). Jusqu'à présent, un seul de ces États du Sud (la Chine) est parvenu à échapper vraiment à cette dépendance. Hélas ! C'est pour se mettre à pratiquer, elle aussi, le même impérialisme (notamment en Afrique) !

c- Mais sans épuiser les ressources ni détruire l'environnement

Dans chaque pays, la classe compétitiviste, prise dans la concurrence avec celles des autres pays, finance les innovations technologiques qui créent sans cesse de nouveaux besoins. Les innovateurs, engagés dans une course folle à l'innovation, ne cessent de créer des produits qui mettent en danger la nature et la santé des consommateurs. Il est vrai cependant que ces innovateurs cherchent aussi à inventer des technologies nouvelles qui permettraient peut-être – du moins, c'est ce qu'ils disent – de résoudre les menaces qui pèsent sur l'environnement ; mais il est clair que, même dans ce domaine, la classe compétitiviste et les États ne financent que les innovations qui conviennent à leur logique de compétition néolibérale. D'où, depuis quatre ou cinq décennies, des conflits écologiques qui ne cessent de croître.

d- Mais sans excès de violence et en respectant la démocratie politique

La classe compétitiviste s'immisce dans les politiques internes des États nationaux. Elle corrompt les politiciens (libéraux ou non), elle exige d'eux qu'ils facilitent ses investissements (notamment en lui offrant des « cadeaux fiscaux », en tolérant la fraude et l'évasion fiscales, en n'aidant pas ses propres entreprises en difficulté), qu'ils privatisent tout ce qui peut l'être, qu'ils lui ouvrent leur marché intérieur, et qu'ils pratiquent des politiques d'austérité budgétaire (ce qui implique des réductions drastiques de leurs dépenses publiques). Dès lors, les mouvements de protestation qui s'y déclarent sont de plus en plus durement réprimés, car ils réclament ce que leurs dirigeants politiques ne peuvent plus leur donner ! D'où les excès de violence répressive.

e- **M***ais sans exclure personne et en respectant la démocratie sociale*

En exigeant des États nationaux qu'ils pratiquent des politiques d'austérité budgétaire, la classe compétitiviste oblige les dirigeants politiques à limiter leurs dépenses de solidarité sociale et de promotion culturelle. Cela a pour effet d'entretenir le chômage et d'augmenter l'exclusion sociale. Pour de nombreuses catégories sociales (non seulement parmi les couches les plus pauvres de la population, mais aussi parmi les classes moyennes), le coût de la vie ne cesse d'augmenter et les fins de mois sont devenues difficiles. D'où d'innombrables conflits catégoriels (notamment dans le secteur dit « non-marchand » : services publics, centres d'aide sociale, activités culturelles, etc.)

f- Mais en donnant à chacun les ressources de son intégration

La classe compétitiviste a besoin que la socialisation des membres de nos sociétés fasse d'eux des individus CCC (consommateurs, compétiteurs, connectés sur le Web) : elle a besoin d'eux pour faire fonctionner le capitalisme néolibéral selon la logique qui lui convient (comme je l'ai montré au chapitre I). Elle ne donne donc des moyens d'intégration sociale (revenus, éducation, santé, sécurité, information, loisirs...) qu'à ceux qui veulent bien ou qui savent comment se soumettre à ses injonctions (accepter les emplois précaires, jouer le jeu de la compétition et devenir accros à leur smartphone !) Or, le modèle culturel qui règne actuellement sur nos sociétés les invite *tous* à devenir sujets d'eux-mêmes et acteurs de leur vie personnelle, ce qui les appelle à une créativité continuelle (inventer leur vie). D'où un décalage entre les espérances que la culture éveille et les ressources dont la société dispose : pour beaucoup d'entre eux, la créativité culturelle *reste un désir frustré d'épanouissement personnel.* Cela est vrai dans les pays les plus riches, mais ce l'est plus encore pour la grande majorité des habitants de la planète, dont les droits humains élémentaires sont bafoués.

g- Mais sans réduire le projet culturel à l'idéologie de la classe dominante

La classe compétitiviste propose une interprétation idéologique des principes de sens du modèle culturel subjectiviste. Comme je l'ai dit au ci-dessus, ces individus CCC sont ainsi *aliénés par l'idéologie néolibérale* : la plupart d'entre eux deviennent effectivement individualistes (au sens de repli sur soi), avec les conséquences qui en résultent (la dépolitisation, l'indifférence devant les inégalités sociales et devant les problèmes de l'environnement et, bien sûr, devant l'engagement social dont a besoin le mouvement social de la classe consommactrice).

II- Les biens communs de l'humanité

Pour réaliser les valeurs du développement tel que je viens de le définir, il faut que les collectivités humaines puissent disposer de certaines ressources qui constituent ***les*** biens communs de l'humanité (au pluriel cette fois). Je renvoie ici les lecteurs à un remarquable texte de François Houtart[100], dont je recommande vivement la lecture. Sa proposition me semble jeter la base d'une belle et grande « eutopie », que je vais tenter de résumer ici. L'idée centrale est la suivante : *il existe des biens qui appartiennent à l'humanité entière, desquels dépend absolument sa survie, son bien-être, sa dignité, et qui, pour cette raison, ne peuvent pas être soumis à la propriété privée, ni traités comme s'il s'agissait de marchandises.* Ces biens font partie des *droits humains*, et il est clairement immoral – il devrait donc être condamnable en droit –, de s'en servir pour faire des profits et créer des inégalités sociales : *ils doivent donc échapper à la logique du capitalisme.* Laisser ces biens à la gestion d'une classe compétitiviste engagée dans une course aveugle au profit serait suicidaire. Comme l'écrit F. Houtart : « *depuis que le capital financier est devenu plus profitable que le capital productif, lorsque le taux de profit augmente, elle* [la classe dominante] *dérégule ; lorsqu'il diminue, elle régule, mais toujours pour favoriser l'accumulation du capital, définie comme le moteur de la croissance.* » Tout cela engendre des crises graves. Celles-ci ne sont certes pas nouvelles, mais « *la différence principale avec le contexte de la crise des années 1930 est que le déséquilibre financier et monétaire actuel se combine avec des crises d'un autre type, alimentaire, énergétique, climatique, toutes, cependant, liées à la même logique.* » Il en résulte, pour l'humanité *deux risques vitaux* : *un risque social* (celui de

[100] https://www.cetri.be/Des-biens-communs-au-bien-commun. Je signale qu'on peut trouver cette même idée dans les textes et dans l'action tenace menée, depuis de nombreuses années, par Riccardo Petrella, notamment sur la question de l'eau, mais aussi sur celle de la marchandisation du vivant.

rendre ces biens communs inaccessibles à la plus grande partie des humains qui n'ont pas les moyens de se les procurer) et *un risque écologique* (celui de les surexploiter jusqu'à les épuiser, sans rien en laisser pour les générations futures et de mettre en péril la nature et donc la survie de l'espèce humaine). *Quels sont ces biens ?*

Les biens qui constituent ce « patrimoine de l'humanité » sont très divers. Ils peuvent être des *ressources naturelles non-vivantes* (l'eau, l'air, la terre cultivable, les rivières, les mers, les océans, les forêts, les sources d'énergie – le pétrole, le gaz, le charbon –, les produits miniers...) *ou vivantes* (la biodiversité, les espèces végétales et animales, les semences, les organes humains, les gènes...). Mais ils peuvent être aussi des *biens sociaux* (tout le secteur dit « non-marchand »), tels que l'éducation, la santé, la sécurité, l'information, le logement, les transports, les communications... Ces biens et ces services sont trop précieux pour être gérés par une classe compétitiviste qui ne se soucie que de ses intérêts privés !

Or, avec le capitalisme néolibéral et les privatisations, la plupart de ces biens sont devenus des marchandises. Prenons, par exemple, le cas de l'énergie (et donc de la terre), que connaissait bien F. Houtart. « *Nous assistons,* écrit-il, *à un double phénomène, d'une part l'entrée du capital financier et spéculatif dans le secteur de l'agro-énergie et, d'autre part, l'accaparement de terres, spécialement en Afrique et en général dans les pays du Sud, pour le développement de l'agriculture industrielle (en particulier les agro-carburants).* [...] *La raison principale fut d'ordre spéculatif, et la production d'agro-carburants n'y a pas été étrangère (notamment l'éthanol produit à partir du maïs aux États-Unis).* [...] *L'expansion, durant les dernières années, de la monoculture est à l'origine d'une concentration des terres, c'est dire d'une véritable contre-réforme agraire. Plusieurs pays ont commencé à décréter l'utilisation d'un certain pourcentage "d'énergie verte" dans leur consommation globale. L'Union européenne a décidé qu'en 2020, la proportion serait de 20 %, avec 10 % d'énergie liquide verte, c'est-à-dire d'agro-combustibles. L'ensemble de ces plans exige d'affecter à cette fin des millions d'hectares de terre cultivable. En fait, étant donné l'énorme niveau de consommation, ni l'Europe ni les États-Unis ne disposent de terres suffisantes pour satisfaire leur demande énergétique interne. D'où, depuis la fin de la première décennie du siècle, un intérêt croissant pour les continents du Sud, qui disposent d'importantes surfaces de terres non cultivées.* »

Il en va de même pour les forêts et les océans : « *En même temps que le modèle actuel de développement produit l'émission croissante de gaz à effets de serre (spécialement du CO2), on détruit les puits de carbone, c'est-à-dire les lieux naturels d'absorption de ces gaz, en particulier les forêts et les océans.* » Tous les dégâts ainsi causés sont considérés comme des « externalités », qui n'entrent pas dans le calcul des coûts de production et sont à charge des États (quand ils ont les moyens de les réparer).

Il en va aussi de même *pour l'eau.* R. Petrella dénonce l'abandon de la gestion locale de l'eau au profit d'une prise de pouvoir de nouveaux « seigneurs », pour qui l'eau sera source de puissance, de richesse et de domination. Il a proposé un *Contrat mondial de l'eau,* reposant sur le principe qu'elle appartient à tous les habitants de la terre (aux humains comme aux non-humains) et qu'elle leur est – comme l'air – vitalement nécessaire.

Défendre l'idée que l'accès à ces biens *doit faire partie des droits humains,* que ces droits sont inaliénables et qu'ils doivent être reconnus à *toute* l'humanité et respectés, non seulement d'une manière formelle, mais bien réelle, ce serait accomplir, dans l'histoire humaine, un pas de géant – mille fois plus important que de marcher sur la lune ! D'autant plus qu'une telle avancée en entraînerait d'autres, qui en sont les conditions. Cette avancée, en effet, n'est réalisable :

– que si on repense le *rôle des États* et si *on les refinance* notamment en supprimant enfin la fraude et l'évasion fiscale, le secret bancaire, les « dettes odieuses » et la corruption ;

– que si on réinvente la *démocratie politique,* aujourd'hui « en panne », pour la rendre plus participative et plus transparente, en l'appliquant, comme l'écrit F. Houtart, *« non seulement au secteur politique, mais aussi au système économique, dans les rapports entre les hommes et les femmes et dans toutes les institutions »*.

– que si on repense aussi le *contrat social,* précarisé par les inégalités, notamment entre les hommes et les femmes (souvent doublement exploitées), entre les riches et les pauvres, entre les immigrés et les citoyens (en instaurant une vraie interculturalité).

Ce serait, sans aucun doute, un pas de géant vers une « vie bonne »,[101] telle que la réclament tant de peuples du sud, hier colonisés, aujourd'hui écrasés sous l'impérialisme de ceux du nord. Et telle que la réclame aussi le modèle culturel subjectiviste régnant.

Comment gérer les biens communs ?

Ce qu'il ne faut pas faire est très clair : ces biens communs doivent échapper à la gestion pratiquée par la classe compétitiviste néolibérale, sinon elle les mettra au service de ses intérêts privés. Il n'y a donc que deux solutions : *en faire des biens publics* et les confier à la gestion de l'État, ou les confier *à des entreprises du secteur de l'économie sociale solidaire*. La question reste cependant très complexe. On doit se demander, en effet, *quel statut juridique* devront avoir les organisations qui seront créées pour gérer la production et la distribution de ces biens et services qui constituent le patrimoine de l'humanité. Logiquement, ce devrait être des services publics. Mais l'étatisation nous a laissé un assez mauvais souvenir : celui d'entreprises souvent inefficaces, livrées aux querelles entre les partis politiques, déficitaires et parfois corrompues. « Cela ne signifie pas nécessairement, écrit Houtart, l'étatisation (sans doute nécessaire dans divers cas), mais l'établissement de *différentes formes de contrôle public et citoyen sur*

[101] Le *Buen vivir* que certains peuples d'Amérique du Sud appellent *« Sumak Kawsay »* en quechua ou *« Suma Qamaña »* en aymara.

la production et sur l'accès aux biens communs. » Faut-il alors avoir recours un « partenariat public-privé » ?[102] La formule existe depuis de nombreuses années et dans beaucoup de pays. Il semble cependant que ce ne soit qu'une forme quelque peu déguisée de privatisation. Même si les États conservent, théoriquement, un droit de regard sur la gestion, les entreprises ainsi créées sont gérées par des entreprises privées, qui ne s'intéressent à un tel partenariat que s'il lui permet de réaliser de plantureux bénéfices. Ne peut-on pas alors les confier aux grandes organisations internationales ? Ce serait sans doute une énorme illusion, car celles-ci sont financées par les États les plus hégémoniques et elles sont clairement au service de la classe compétitiviste. F. Houtart ne dit pas non plus quelles formes devraient prendre ces initiatives : il faut donc les inventer ! Bien que cette question touche aux limites de mes compétences (juridiques et techniques), je pense cependant que la meilleure solution serait de *confier la gestion de ces organisations non capitalistes au secteur de l'économie sociale solidaire* (par exemple à des coopératives).

---

[102] Le partenariat public-privé (PPP) est une forme de collaboration par laquelle une autorité publique fait appel à des prestataires privés pour financer et gérer un équipement assurant ou contribuant au service public. Le partenaire privé reçoit en contrepartie un paiement du partenaire public ou des usagers du service qu'il gère. Ce mode de financement est présent dans de nombreux pays sous des formes variées.

Chapitre XII

Vers un mouvement social civique[103] de la classe consommactrice

Arrivé au bout de l'analyse du capitalisme néolibéral et ayant fait le bilan des formes de résistances et d'alternatives existantes, le moment est venu de *formuler un projet d'action* qui soit susceptible de résoudre les nombreux problèmes que cause la classe compétitiviste et d'éliminer les risques qu'elle fait courir à l'humanité tout entière. Je pense que la bonne question que nous devons nous poser est : ***comment la classe consommactrice peut-elle contraindre la classe compétitiviste à être dirigeante ?***

Ma conviction est qu'il faudrait que, dans chaque pays du monde, soit créé un mouvement social, puissant et organisé, capable d'exercer sur les dirigeants politiques des États une pression suffisamment forte pour qu'ils soient obligés d'imposer à la classe compétitiviste des régulations politiques qui interdisent légalement et punissent sévèrement toute pratique incivique, contraire à l'intérêt général.[104]

---

[103] Le civisme est une conduite citoyenne : elle consiste, pour un individu ou pour un groupe, à faire passer l'intérêt de la cité (donc l'intérêt général) avant ses intérêts personnels. C'est exactement ce que ne fait pas la classe compétitiviste et qu'il faut donc exiger d'elle. Le mouvement social de la classe consommactrice doit donc être civique.

[104] Facile à dire, pensez-vous ? C'est vrai, mais c'est pourtant ce qu'a fait le mouvement ouvrier, disons entre 1860 et 1960, un peu partout dans le monde. Il faut se souvenir que cela lui a pris environ un siècle de lutte, mais il l'a fait. Et cela a conduit à l'État-Providence. Bien entendu, ce que le prolétariat a fait est *unique dans l'histoire* et ne pourra pas être recommencé de la même manière. Mais *la démarche politique reste la même.*

Les composantes de ce mouvement social civique – « nous », « contre eux », « au nom de quoi », et « comment » – ont déjà été abordées ci-dessus (voir le chapitre X). Je me contenterai donc de les rappeler ici brièvement.

a-. « Nous » ? Nous *la classe consommactrice* de ce pays : les citoyens consommateurs manipulés et trompés, frustrés dans nos espérances personnelles de vie, habitants de la planète Terre, menacés par l'environnement social, économique, politique, et aussi naturel dans lequel nous devons vivre ;

b-. « Contre eux » ? Contre *la classe compétitiviste :* les actionnaires, les marchands, les financiers néolibéraux, les spéculateurs, et contre *les dirigeants politiques de notre pays* qui les laissent faire, et sont même devenus souvent leurs complices ;

c-. « Au nom de » ? D'abord, au nom *d'un enjeu général* : la lutte contre l'aliénation néolibérale, qui impose aux individus une fausse conception idéologique du Sujet (l'individu CCC) et contre les politiques d'austérité budgétaire qui les privent du droit, légitimé par la culture, de disposer des ressources (éducation, santé, sécurité, autonomie, confort, liens sociaux…) qui leur sont nécessaires pour être sujets et acteurs de leur existence personnelle. Ensuite, et plus précisément, au nom des *sept enjeux concrets* que résultent des pratiques inciviques et immorales de la classe compétitiviste, telles qu'elles ont été formulées au chapitre VII ci-dessus, et qui devraient être interdites par des lois : *précariser les travailleurs ; tromper les consommateurs ; négliger la protection de l'environnement ; tricher et corrompre les États ; privatiser les biens communs ; pratiquer l'impérialisme ; bafouer les droits humains.* Une autre manière de formuler ces mêmes enjeux est de les lier à la conception du développement, donc, du bien commun de l'humanité (voir le chapitre XI). Ces enjeux-là sont *stratégiques* : si la classe compétitiviste ne peut plus les pratiquer, elle sera obligée de se comporter comme une classe dirigeante, soucieuse de l'intérêt général.

d-. « Comment » ? Évidemment, la méthode privilégiée qu'utilisait mouvement ouvrier (la grève du travail) est, de nos jours, devenue inefficace : elle menaçait les enjeux stratégiques de la bourgeoisie capitaliste industrielle, mais elle a beaucoup moins d'efficacité aujourd'hui, quand il s'agit de s'attaquer aux bénéfices commerciaux et financiers des marchands et des spéculateurs néolibéraux. Il faut donc inventer autre chose. Quoi ? Soyons logiques et clairs : *la grève du travail a été efficace hier, la* ***grève de la consommation*** *le sera demain.* S'attaquer à la classe compétitiviste, ici et maintenant, c'est ***boycotter***, parmi les entreprises (et notamment parmi les banques), celles qui ne respectent pas l'environnement, les États nationaux, les consommateurs, les travailleurs, les biens communs, les pays dépendants, les individus, ou les droits humains…

Le mouvement civique de la gauche du XXIe siècle devrait donc inciter ses membres à *ne plus acheter les biens et les services produits par certaines entreprises néolibérales dont les pratiques seraient inciviques et immorales.* En outre, les dirigeants de ces entreprises devraient être contraints, par une loi, de signer un *contrat de responsabilité sociale et environnementale* par lequel ils s'engageraient à renoncer à ces pratiques devenues illégales. ***La grève de la consommation deviendrait ainsi l'équivalent fonctionnel de la grève du travail***, car *les entreprises qui signeraient ce contrat deviendraient plus compétitives que celles qui refuseraient de le signer, puisque ces dernières seraient boycottées.* Soyons clairs : le but du boycott n'est pas de tuer des entreprises (personne n'y a intérêt), mais de les contraindre à s'occuper davantage de l'intérêt général que des intérêts privés de leurs actionnaires et de leurs collaborateurs, donc de les obliger à être enfin dirigeantes.

En outre, les initiateurs d'un tel mouvement social pourraient *faire un usage intensif des nouvelles technologies de la communication* : ce serait une manière de retourner ses propres armes contre la classe dominante néolibérale. Cela permettrait de compléter, *voire de remplacer* les grandes manifestations de rue, par des pétitions, grâce auxquelles il serait possible de s'engager avec des millions d'autres personnes, pour obtenir d'une banque ou d'une entreprise qu'elle signe un contrat de responsabilité sociale et environnementale, et pour la boycotter si elle ne tient pas ses promesses.

Quelques défis majeurs que le mouvement devra surmonter

Pour conclure, je voudrais attirer l'attention sur quelques défis qui seront sans doute difficiles à surmonter. Ils découlent presque tous de la *logique de la compétition*, qui constitue le pilier central sur lequel repose le néolibéralisme. Voici quelques difficultés à prévoir :

–. Il faudra parvenir, dans chaque pays, à mettre d'accord les nombreuses formes de résistance et d'alternative que l'on y trouve aujourd'hui (voir le chapitre VIII), sur une analyse sociologique et sur un projet politique communs. En effet, leurs enjeux ne sont pas les mêmes et les convictions de leurs membres ne le sont pas non plus. Il faudra faire comprendre que c'est la même logique du capitalisme néolibéral qui est à l'origine de leurs problèmes.

–. En outre, il est évidemment préférable que les mouvements sociaux créés dans les différents pays du monde se coordonnent entre eux pour agir ensemble. Bien sûr, on devra créer des coordinations internationales, en espérant qu'elles ne deviennent pas des appareils bureaucratiques.

–. Obtenir des accords entre les États ne sera pas chose facile, dans la mesure où la classe compétitiviste peut aisément les dresser les uns contre les autres : en effet, ces États se font la concurrence pour favoriser leurs entreprises nationales ou pour attirer chez eux des investisseurs. Ceux qui voudront leur imposer des conditions trop draconiennes risquent fort de les chasser vers des pays plus « accueillants ».

–. La question de la fraude et de l'évasion fiscales est particulièrement cruciale : de sa résolution dépend le refinancement des États nationaux, donc la fin des politiques d'austérité budgétaire. Dans ce cas, comme nous pouvons l'observer même au sein de l'Union européenne, c'est encore la compétition entre les pays qui les empêche de se mettre d'accord sur une politique fiscale commune.[105]

–. De même, il faudrait aussi obtenir une loi qui imposerait aux spéculateurs une taxe sur les transactions financières, dont on parle depuis si longtemps, sans qu'elle soit devenue une réalité. L'enjeu est considérable : « compte tenu des montants financiers en circulation, des taux de 0,2 %, 0,5 %, 1 % permettraient de produire une véritable manne pour la plupart des États. »[106]

–. Pour rendre possible une régulation politique du marché, il faudrait que des lois nationales interdisent aux entreprises multinationales d'attaquer en justice les États qui entraveraient la liberté d'investir sur leur territoire ; cela implique que l'on inverse la tendance actuelle (le « mécanisme d'arbitrage investisseurs-États »[107] prévu par le projet de convention du CETA).

---

[105] Voir sur ce point l'excellent Journal n° 5 de *POUR*. *« L'industrie fiscale TUE la démocratie et décuple la pauvreté »* (coordonné par Michel Gevers). Vous y apprendrez (parmi beaucoup d'autres choses) que la fraude fiscale prive l'État belge de 22,5 à 31,6 milliards par an, et que cela représente de 15 à 21 % des dépenses annuelles de l'État fédéral (p.8). Imaginez ce qu'il serait possible de faire avec un tel montant en matière de politique sociale, environnementale et culturelle, d'éducation, de santé publique, de sécurité, de pensions, de logement, etc.

[106] Voir les propositions présentées dans une chronique de Christian Savestre (*« Aux gilets jaunes, à ceux qui les soutiennent, aux puissants qui les abusent et à tous les autres. »)* sur le site de *POUR*.

[107] Les adversaires du CETA viennent de perdre une manche dans cette bataille. Voir *Le Soir* (30 janvier 2019, p.11) : l'avocat général de la Cour européenne de justice a jugé ce mécanisme d'arbitrage « *compatible avec la loi européenne* ».

–. Un autre aspect juridique important concerne le « droit de boycotter »[108] les entreprises commerciales ou financières qui ne respecteraient pas une charte de responsabilité sociale et environnementale. Faire reconnaître pleinement ce droit ne sera sans doute pas plus facile à obtenir que ne l'a été le droit de grève pour le mouvement ouvrier.[109]

–. Que les enjeux aient tous la même cause ne signifie pas qu'ils puissent… former la même Cause ! Il peut y avoir, en effet, des contradictions entre ces enjeux : parfois, ce qu'il faut faire pour résoudre l'un, peut en aggraver un autre. Ces contradictions contribuent pour beaucoup à la dispersion des mouvements sociaux aujourd'hui. Pour illustrer ce genre de contradiction, je me contenterai de donner un exemple très actuel et très important. Comment peut-on à la fois respecter l'environnement et résoudre la question des inégalités sociales, si on ne résout pas d'abord le problème de l'évasion fiscale ?[110] Si les États (chacun chez lui et en concurrence entre eux) ne parviennent pas à imposer leur volonté au Marché (ce nouveau dieu !), ils manqueront d'argent pour concilier leurs politiques, sociale et environnementale, bien qu'elles soient aussi urgentes l'une que l'autre. Donc ils devront imposer de nouvelles taxes pour financer la « transition écologique » et faire payer celle-ci par les classes moyennes et pauvres, aussi longtemps

---

[108] Ce droit existe, surtout depuis le boycott qui concernait les relations commerciales avec l'Afrique du Sud (au temps de l'apartheid) et encore aujourd'hui, avec l'État d'Israël. Mais il est loin d'être appliqué d'une manière unifiée, même dans les États de l'Union européenne.

[109] Je rappelle qu'avant de devenir un droit, la grève est restée longtemps interdite (jusqu'en 1921), puis soumise à des exigences légales plus ou moins draconiennes (ce qui n'a pas empêché le mouvement ouvrier de s'en servir avec succès).

[110] Dans sa chronique (*op. cit.*), Christian Savestre écrit : « Il n'y a pas de politique écologique possible sans éradication de l'évasion fiscale, de l'injustice fiscale et sans une forte réduction des inégalités économiques et sociales ».

qu'ils ne parviendront pas à, ou ne voudront pas, la faire payer par les riches (c'est-à-dire par ceux qui sont pourtant responsables de ces deux problèmes majeurs que sont les inégalités et la menace écologique).[111] Ce genre de contradiction peut opposer, sur certains points, les écologistes et les travailleurs, ceux-ci et les consommateurs, ceux-ci et les paysans, etc.

– . Doter le mouvement social d'une organisation durable et efficace sera encore plus difficile avec les militants d'aujourd'hui qu'avec ceux d'hier, comme je l'ai signalé déjà au chapitre VI. En effet, les militants d'aujourd'hui veulent de la démocratie directe (des assemblées), sans division du travail ni délégation de pouvoir, sans porte-parole ni négociateur, sans dogmes ni idéologies, sans cartes d'adhérent ni cotisation, sans contrôle de ceux qui sont membres et de ceux qui ne le sont pas. Or, sans organisation à la fois démocratique et disciplinée, pas de mouvement social durable.

– . Il sera également difficile de doter le mouvement social de relais politiques fiables, capables d'obtenir que ses victoires, toujours partielles et précaires, soient coulées dans des lois. Cela s'explique (voir le chapitre VI) par la crise profonde que traverse la démocratie parlementaire représentative. Or, ces relais sont indispensables.

– . Savoir expulser du mouvement ceux qui le discréditent ne sera pas facile non plus. Si beaucoup de gens de bonne volonté croient qu'ils peuvent changer le monde en faisant leur révolution personnelle, d'autres sont convaincus qu'ils pourront le changer en brûlant des voitures, en cassant des vitrines, en pillant des magasins, en détruisant des symboles d'identité commune, et en confrontant leur violence à celle des forces policières. Les deux se trompent : le juste chemin est entre les deux ! Mais, si les premiers ne font tort à personne, ce n'est pas le cas des seconds. Notamment, ils discréditent le mouvement social en attirant sur lui la

---

[111] Telle est exactement l'origine du conflit qui oppose les Gilets jaunes au président Emmanuel Macron.

désapprobation de l'opinion publique. Il est donc nécessaire de les tenir éloignés des actions entreprises par le mouvement grâce à un service d'ordre.

– . Savoir se servir des *mass medias* est aujourd'hui une nécessité. Mais la plupart des médias obéissent eux-mêmes à la logique compétitive du modèle néolibéral dominant : ils doivent faire de l'audience pour attirer les annonceurs, qui leur procurent l'argent que l'État ne leur donne plus. Et, pour faire de l'audience, ils doivent dire et montrer aux téléspectateurs ce que la majorité d'entre eux aime entendre et voir : du spectaculaire, du violent, du divertissant, de l'anecdotique, du provisoire (renouvelé tous les jours). Le mouvement doit donc savoir choisir les journalistes et les médias avec lesquels il peut collaborer.

Conclusion

Être de gauche au XXIe siècle

1- Ce que l'analyse sociologique nous apprend

La démarche présentée dans ce livre aboutit à *quelques propositions essentielles* que je crois utile de rappeler pour conclure :

a- Au cours du dernier tiers du XXe siècle, des changements très profonds se sont produits dans nos sociétés : le régime du capitalisme industriel, protectionniste et national, qui les régissait, a connu une crise et a été remplacé par celui du *capitalisme postindustriel, néolibéral et en voie de mondialisation.*

b- Ce changement a engendré une mutation des pratiques dans tous les champs relationnels (champs du savoir, de la puissance, de l'hégémonie, du pouvoir, de l'influence et de l'autorité), et ces mutations ont, à leur tour, engendré une mutation culturelle très radicale dans le champ de la légitimité : le règne du modèle culturel progressiste a été peu à peu remplacé par celui du *modèle culturel subjectiviste.*

c- En deux ou trois décennies (entre 1975 et 2000 selon les pays), ce bouleversement général de nos sociétés a eu pour effet de mettre en place de *nouveaux acteurs gestionnaires* dans tous les champs relationnels. Parmi ces acteurs, celui qui a imposé son emprise sur les autres est une nouvelle classe gestionnaire de l'économie : *la classe compétitiviste*, qui gère les échanges commerciaux et financiers dans le monde entier.

d- Cette classe compétitiviste, parce qu'elle est beaucoup plus dominante que dirigeante (elle cherche plus à s'enrichir qu'à s'occuper de l'intérêt général), cause des *dégâts vitaux* aux consommateurs, aux travailleurs, à l'environnement et aux États nationaux, au point que l'on peut craindre qu'elle ne menace la survie de l'humanité entière. En outre, elle parvient à justifier ses pratiques en diffusant une idéologie néolibérale fort persuasive, qui engendre une aliénation très perverse.

e- Pour prospérer et s'enrichir, la classe compétitiviste a absolument besoin qu'une classe productrice fournisse un surtravail générateur des surplus économiques qu'elle pourra s'approprier et gérer au mieux de ses intérêts. Cette nouvelle classe dominée est la classe des travailleurs-consommateurs, aliénés par l'idéologie néolibérale et manipulés dans leurs besoins de biens, de services et donc, de revenus, en un mot : *la classe consommactrice.*

f- Dès lors – et ceci est l'essentiel – pour résoudre le problème de dégâts vitaux causés par la classe compétitiviste, il est indispensable de *réorienter les luttes de classes* dans nos sociétés. Mais, puisque les classes et les rapports de classes ont changé, *les luttes de classes doivent changer elles aussi,* si l'on veut qu'elles soient efficaces.

2- Les conclusions qu'on peut en tirer pour l'action

a- Théoriquement, une classe productrice et dominée dispose de *quatre voies* pour s'opposer à une classe gestionnaire trop dominante : 1) elle peut *collaborer* avec cette dernière, espérant ainsi réduire sa domination par des négociations ; 2) elle peut lui faire la *compétition*, en créant des entreprises alternatives autogérées (économie de la transition ou économie sociale solidaire) ; 3- elle peut entrer en *contradiction* avec elle, pour tenter de l'éliminer et de la remplacer par une gestion étatique (révolution) ; et 4) elle peut lui livrer un *conflit* en lui opposant un mouvement social civique assez puissant pour l'obliger à être dirigeante.

b- *Historiquement* – si nous nous appuyons, d'une part, sur les leçons que nous pouvons tirer de l'histoire des luttes sociales, et si, d'autre part, nous tenons compte du rapport de force entre la classe compétitiviste et la classe consommactrice –, *la seule voie efficace* serait la quatrième : *la voie du conflit*. Les trois autres voies n'aboutiraient à rien : la collaboration, parce qu'elle serait entièrement illusoire ; la compétition parce qu'elle serait largement insuffisante et facilement récupérable par la classe compétitiviste ; la contradiction, parce qu'elle serait impraticable au niveau mondial et inutile puisqu'elle ne ferait que remplacer la classe compétitiviste par une autre.

c- Dans le cas qui nous occupe ici, ***il s'agirait donc de créer, dans chaque pays du monde, un puissant mouvement social civique, revendicatif, et de coordonner ces mouvements au niveau mondial. Ces mouvements prendraient en charge les enjeux explicités aux chapitres VII et XI, et leur horizon « eutopique » serait le bien commun de l'humanité. Leurs méthodes consisteraient notamment à faire pression sur les États nationaux et les organisations internationales, pour imposer leurs enjeux à la classe compétitiviste. Leur principale arme de lutte serait la grève de la consommation, donc le boycott des entreprises qui ne respecteraient pas une charte de responsabilité sociale et environnementale.***

3- Et la gauche[112] dans tout ça ?

Historiquement, au-delà de la métaphore géographique, la « gauche » et la « droite » se sont définies et distinguées *par rapport aux enjeux des luttes de classes*. Je pense que le moment est venu d'élargir le champ d'application de ce concept. En effet, le

[112] Je rappelle qu'à l'origine, les mots « gauche » et « droite » désignaient, en politique, les places occupées, dans leur salle de réunion, par les premiers membres de l'Assemblée nationale française après la révolution de 1789. Les monarchistes (les représentants de la noblesse et le clergé) se rassemblaient à la droite du président de séance, tandis que les révolutionnaires les plus radicaux (Jacobins et Montagnards) se regroupaient à sa gauche.

néolibéralisme, comme je l'ai dit déjà, n'est pas seulement un mode de production économique : c'est *un régime sociétal* qui touche tous les champs relationnels des sociétés contemporaines (occidentales ou occidentalisées). Dès lors, ce qui définit les positions politiques de gauche ou de droite (ou du centre), c'est une différence radicale d'attitude envers toutes les formes de domination sociale (de classes, de races, de genres, de nationalités, de religion, de sexualité, etc.).

Or, le modèle culturel subjectiviste, qui règne aujourd'hui sur les consciences, invite les individus que nous sommes à devenir « sujets d'eux-mêmes et acteurs de leur vie personnelle ». Cela est vrai, aussi bien pour ceux qui sont « de gauche » que pour ceux qui sont « de droite » (comme pour ceux qui ne savent pas de quel bord ils sont et qui constituent sans doute la majorité). La droite leur propose d'être sujets en se conformant aux exigences de l'idéologie néolibérale : elle les invite à être ce que j'ai appelé des « individus CCC » (consommateurs, compétiteurs, communicateurs connectés sur le Web). La gauche refuse cette « invitation », rejette cette manière d'être sujet et acteur : elle en appelle au refus de la compétition et de ses ravages, à l'égalité et à la tolérance, à la liberté de choisir sa vie… ; elle en appelle au civisme, qu'elle pratique elle-même et qu'elle reproche à la classe compétitiviste de ne pas pratiquer ; elle en appelle au droit de toutes les collectivités humaines au développement, au nom du bien commun de l'humanité.

Dès lors, ***être « de gauche », aujourd'hui comme hier, c'est s'opposer activement à toute forme de domination sociale, quelle qu'elle soit*** ; *c'est combattre toute forme d'injustice, de discrimination.* Il y a toujours eu des « gens de gauche » : ils ont été et sont des humanistes, des défenseurs de l'égalité, des partisans d'un monde sans domination sociale d'aucune sorte. Mais ils se sont battus pour des enjeux différents, que leurs conditions de vie et le modèle culturel régnant définissaient, à chaque époque. Et tous croyaient en une belle et grande (e)utopie qui donnait du sens à ce qu'ils pensaient, disaient et, le plus souvent, à ce qu'ils faisaient. Avant que le mot n'ait été inventé, sous d'autres cieux, avec d'autres mots et d'autres croyances, il y avait déjà dans le monde des gens qui, sans s'appeler ainsi, étaient des gens « de gauche ». **Soyons donc résolument de gauche, *ici, maintenant, et surtout, d'urgence* !**

Glossaire[113]

Acteur social : un individu ou un groupe social qui, dans l'un ou l'autre champ relationnel, pratique des relations sociales : par cette pratique, il se socialise (il apprend ce que les autres attendent de lui) et il agit sur eux : il entre avec eux dans des échanges inclusifs (coopération, conflit) ou exclusifs (compétition, contradiction).

Aliénation : l'acteur social en tant qu'il est dominé (contraint de faire autre chose que ce qu'il voudrait faire, et d'être autre que ce qu'il voudrait être), donc empêché d'être sujet de lui-même dans ses relations avec les autres.

Autorité : capacité des dirigeants des organisations de socialiser leurs membres, c'est-à-dire de leur apprendre (et de les contraindre) à respecter les normes de leurs rôles sociaux et à occuper ainsi les places qui leur sont assignées (de s'intégrer) dans les champs relationnels.

Champ relationnel : Vivre ensemble exige des collectivités humaines qu'elles résolvent sept « problèmes vitaux de la vie commune » en organisant ente leurs membres sept types de relations sociales : les relations de savoir, de puissance, d'hégémonie, de pouvoir, d'influence, d'autorité et de légitimité.

Classes sociales : ensembles d'individus qui, dans la division du travail au sein d'une collectivité, remplissent, soit la fonction de *produire* des biens et des services (c'est la ***classe productrice***) destinés à satisfaire les besoins de l'ensemble des catégories sociales

[113] Tous ces concepts sont définis clairement dans mon livre de théorie sociologique générale : *La Maison du sociologue* (Louvain-la-Neuve, Academia, 2015).

qui la composent, soit la fonction de *gérer* ces biens et ces services (se les approprier et décider, plus ou moins librement, de l'usage qu'ils en feront : **c'est *classe gestionnaire***). Depuis que les sociétés humaines disposent d'une division *complexe* du travail, une multitude de fonctions différentes doivent être accomplies par des catégories sociales différentes. Les sociétés humaines ont « inventé » plusieurs « modes de production » qui comportent chacun une classe productrice et une classe gestionnaire (maîtres et esclaves, seigneurs et serfs, commerçants et artisans, patrons capitalistes et prolétaires, dirigeants de l'État et travailleurs, etc.)

Classe dominante et/ou dirigeante : selon l'usage qu'elle fait du surplus engendré par le surtravail de la classe productrice, la classe gestionnaire peut être dite *« dirigeante »* quand elle met ce surplus au service de l'intérêt général (elle le réinvestit pour créer des emplois, elle paie convenablement ses travailleurs, elle respecte ses consommateurs, elle préserve l'environnement, elle paie des impôts à l'État) ou être dite *« dominante »* quand elle utilise ce surplus pour satisfaire ses intérêts particuliers (s'enrichir, vivre une vie de luxe, se payer des privilèges, tricher, gaspiller).

Division du travail : répartition des rôles et des fonctions sociales entre les multiples catégories sociales qui constituent une collectivité : « Il faut de tout pour faire un monde » : des gens qui produisent de la richesse, d'autres qui éduquent les enfants, qui s'occupent des malades, des vieillards, d'autres qui gouvernent, qui jugent, qui maintiennent l'ordre, qui défendent la « patrie », etc.

Échanges sociaux : Entre les deux acteurs d'une relation sociale quelconque, il peut se former quatre types d'échanges sociaux (qui ne s'excluent pas mais peuvent coexister et se combiner). Ces échanges peuvent être dits *« inclusifs »* lorsque chacun des acteurs a besoin de l'autre pour atteindre ses fins. C'est le cas, évidemment, dans toute relation de *collaboration,* mais ce l'est aussi dans une relation de *conflit* : en effet, le conflit se produit toujours quand intervient un désaccord sur les modalités d'une collaboration et vise à la restaurer sur une base plus acceptable pour la partie qui s'estime lésée. En revanche, certains échanges sont dits *« exclusifs »* quand chacun ne peut atteindre ses fins qu'en empêchant l'autre d'atteindre les siennes, quand le « jeu » est « à somme nulle » (quand tout ce que l'un gagne est perdu par l'autre). C'est bien sûr le cas dans une relation de *compétition* (qu'elle soit sportive, politique ou autre), qui se déroule selon certaines règles admises par les deux parties et sous le contrôle d'un arbitre qui veille au respect de ces règles. Mais ce l'est aussi dans une relation de *contradiction* : en effet, celle-ci se produit quand une des parties (ou les deux) ne respecte pas les règles du jeu et les décisions de l'arbitre, et quand chacun cherche à couper la relation avec l'autre ou à l'éliminer (même physiquement comme dans une guerre). On voit que la collaboration et la compétition sont des *échanges consensuels* (les acteurs ont des fins communes ou bien des règles communes) ; alors que le conflit et la contradiction sont des *échanges antagoniques* (les acteurs ne sont pas d'accord sur les modalités de leur collaboration ou bien sur la relation elle-même). Ces quatre formes d'échanges sociaux constituent le fondement de la sociabilité humaine : les humains les pratiquent depuis toujours, séparément ou ensemble, ou passant de l'une à l'autre !

État : ensemble des fonctions qui consistent à exercer les pouvoirs. Habituellement, on distingue trois pouvoirs (législatif, exécutif et judiciaire) ; en démocratie, ces trois pouvoirs sont indépendants les uns des autres. Pour ma part, j'en ajoute un quatrième, le pouvoir répressif, qui exerce la « violence légitime de l'État », c'est-à-dire qu'il exécute les décisions du pouvoir judiciaire, ainsi que les décisions du pouvoir exécutif lorsqu'il s'agit de maintenir l'ordre interne ou de défendre la collectivité contre une menace externe.

Hégémonie : la capacité d'une collectivité de faire valoir ses intérêts (économiques, politiques ou culturels) dans ses échanges avec les autres. L'impérialisme est une forme d'hégémonie : il consiste à la pratiquer en réduisant celle des autres ; la coopération au développement est la forme inverse : *en principe*, elle vise à renforcer l'hégémonie des collectivités qui en ont moins.

Idéologie, **utopie** et « **eutopie** » : L'*idéologie* est une interprétation des principes de sens d'un modèle culturel, formulée par un acteur dominant, afin de justifier sa conduite (ce qu'il pense, dit, fait, ressent) en invoquant une raison légitime et, du même coup, de taire, de cacher, voire de nier les raisons illégitimes pour lesquelles il agit. Par exemple, quand la classe compétitiviste prétend qu'elle pratique le libre commerce pour protéger les intérêts des consommateurs, elle énonce une raison légitime, qui lui permet de ne rien dire des intérêts privés, même illégitimes, qui la motivent. L'*utopie* est aussi une interprétation des principes de sens d'un modèle culturel, mais elle est formulée par un acteur dominé, et elle lui permet d'invoquer un monde meilleur qu'il prétend créer, pour justifier sa lutte contre l'acteur dominant. La différence entre l'utopie et l'*eutopie* – entre un lieu qui n'existe pas *(u-topos)* et un lieu heureux *(eu-topos)* – est que la première propose une finalité irréaliste et totalement inaccessible, tandis que la seconde propose une finalité qui, même si elle très difficile d'accès, peut cependant être approchée, pas à pas, par des mesures concrètes, certes toujours provisoires et imparfaites.

Influence : la capacité d'un groupe de pression de faire valoir son intérêt ou son projet collectif dans les négociations pacifiques avec d'autres groupes de pression, dans le cadre d'un contrat social institué, garanti par un État.

Légitimité : sont légitimes les actes, les discours, les pensées et les affects qui sont culturellement reconnus et valorisés par le modèle culturel régnant (ou par un ancien modèle culturel qui n'a pas perdu complètement sa crédibilité).

Mode de production : manière d'obtenir d'une classe productrice qu'elle fournisse un surtravail, dont les produits sont appropriés et gérés par une classe gestionnaire. Au cours de l'histoire de l'humanité, au moins depuis la sédentarisation, les classes gestionnaires successives ont inventé, partout dans le monde, de nombreuses manières de faire ainsi travailler gratuitement une classe productrice en profitant de sa dépendance (manque de terre, d'outils, d'argent, de compétence, de sécurité physique…).

Modèle culturel : l'ensemble des principes éthiques qui donnent du sens et orientent les conduites des membres d'une collectivité à un moment donné de leur histoire. Les principes de sens d'un *modèle culturel* leur « disent » ce qu'il est *légitime* (bon, beau, vrai et juste) de faire, de dire, de penser et de ressentir, s'ils veulent avoir une « vie (considérée comme) bonne » à tel moment, dans tel lieu. Ces principes varient évidemment dans le temps et selon les cultures, puisqu'ils sont le produit des pratiques, qu'à leur tour, ils produisent en les légitimant !

PIB (et PIB/hab.) : Le produit intérieur brut (PIB) est un indicateur économique qui permet de mesurer les richesses produites au sein d'un pays d'une zone géographique au cours d'une année. Il est constitué de *la somme annuelle des valeurs ajoutées* des biens et des services produits par les agents économiques – nationaux ou étrangers – opérant sur le territoire d'un pays. (On appelle « valeur ajoutée » la différence entre la valeur marchande d'un bien produit et son coût de production.) Pour obtenir le PIB par habitant, il suffit, bien entendu, de diviser le PIB par le nombre d'habitants du pays.

Plus-value (absolue et relative) : dans le mode de production du capitalisme industriel (libéral ou national), la *plus-value absolue* est la différence entre la valeur marchande des biens ou des services produits par les travailleurs et la valeur de leurs salaires (autrement dit, c'est la valeur totale des biens qu'ils produisent durant leur temps de surtravail). Évidemment, si la journée de travail est raccourcie et si les salaires sont augmentés, la plus-value absolue diminuera. La classe gestionnaire peut supporter une telle réduction, si elle peut la compenser par une hausse de la *plus-value relative*. Pour cela, elle doit augmenter l'intensité du travail (par le taylorisme) et la productivité du travail (en mettant entre les mains des travailleurs des outils plus performants grâce aux innovations technologiques). Elle gagnera alors moins sur chaque produit (plus-value absolue), mais plus sur l'ensemble de la production (plus-value relative).

Pouvoir : la capacité d'une élite politique de gérer son État (ou une instance qui en tient lieu), c'est-à-dire de légiférer, de juger, de réprimer et de gouverner, afin d'adapter la collectivité à son milieu naturel, social et inter-social et de maintenir son ordre politique interne.

Problèmes vitaux de la vie commune : ce sont les sept questions fondamentales que pose aux humains le fait de vivre ensemble, de former des sociétés. Je les ai clairement explicités au chapitre XII.

Productivité : le rapport entre la valeur marchande des biens et des services produits et le temps de travail nécessaire pour les produire. La mécanisation croissante de la production accroît la productivité *relative* du travail, puisqu'un output croissant est obtenu par une même quantité de travail presté.

Proposition : une proposition est une affirmation qui est *plus qu'une hypothèse* (parce qu'elle repose sur des données empiriques), mais qui est *moins qu'une certitude* (parce que ces données empiriques sont encore incomplètes).

Protectionnisme : mode de régulation des marchés par l'État. Celui-ci intervient dans l'économie pour en réguler les cycles (il entreprend des travaux publics pour compenser le chômage dans les périodes de crise économique, et il laisse faire le marché dans les périodes de reprise), pour contrôler les changes (notamment en reliant le cours de sa monnaie à un étalon-or) et pour protéger les marchés intérieurs contre la concurrence des entreprises étrangères (notamment grâce à des taxes d'importation).

Puissance : la capacité d'une classe gestionnaire d'extraire un surplus de valeur économique d'une classe productrice, de s'approprier ce surplus et de le gérer (de décider de l'usage social qu'elle en fera).

Relation sociale : c'est une forme d'échange entre des individus ou des ensembles d'individus, qui : a) poursuivent des *finalités* qu'ils ne peuvent atteindre seuls ; b) apportent en *contribution* leurs compétences et leurs ressources ; c) bénéficient néanmoins de *rétributions* inégales ; et d) exercent les uns sur les autres des formes inégales d'*emprise*.

Richesse économique : toute chose matérielle ou immatérielle qui est culturellement définie par le modèle culturel régnant comme ayant de la valeur, c'est-à-dire comme pouvant être échangée (directement ou par l'intermédiaire d'une monnaie) contre d'autres choses de valeur jugée équivalente.

Savoir (plus précisément « savoir-faire ») : la capacité des élites intellectuelles d'une collectivité de produire des connaissances de leur environnement naturel et social qui, traduites en technologies, permettent à celle-ci d'exercer une emprise sur ses conditions d'existence. L'enjeu de la relation qui nous intéresse ici est la gestion équilibrée du « rapport entre la *population* (son nombre et ses besoins), les *ressources* dont elle dispose, et les *techniques* qu'elle met en œuvre. » À un niveau donné de développement des techniques, un équilibre doit être conservé entre la population et ses ressources ; en cas de déséquilibre durable (par excès de population, par épuisement des ressources et/ou par insuffisance des techniques), la collectivité risque de disparaître.

Socialisation : apprentissage par les individus de tout ce qu'ils doivent savoir faire, dire, penser et sentir, pour remplir leurs différents rôles sociaux dans les champs relationnels auxquels ils participent, de la manière dont les autres membres du collectif s'attendent à ce qu'ils le fassent.

Sujet : ce mot est très ambigu parce qu'il désigne deux choses opposées. Le sujet est en effet un individu ou un groupe social *assujetti* (les sujets du roi ou de n'importe quel pouvoir). Mais il désigne aussi le contraire d'« objet » : un individu ou un groupe qui défend son droit à la créativité, au respect de son identité, et qui se bat avec les autres pour qu'ils respectent sa dignité, pour qu'ils lui reconnaissent son droit à être lui-même parmi (avec et malgré) les autres.

Surplus : valeur des biens et des services produits pendant le temps de surtravail. Le surplus s'appelle plus-value quand il consiste en une différence entre la valeur des biens produits et celle du salaire payé pour la force de travail. Mais il peut être obtenu par d'autres moyens et porte alors d'autres noms. Il peut s'appeler « rente », quand le surtravail (d'un serf ou d'un métayer) est destiné à payer la location d'une terre ou d'un autre bien ; « intérêt », quand le surtravail (d'un emprunteur endetté) est destiné à rembourser un emprunt d'argent ; ou encore « bénéfice commercial », quand le surtravail (d'un acheteur) est destiné à payer la différence entre le coût total de production d'un bien et son prix de vente. Ainsi, ce sont les quatre manières d'engendrer des surplus qui enrichissent des classes gestionnaires, quels que soient les noms qu'elles portent.

Travail nécessaire et surtravail (ou travail excédentaire) : le travail nécessaire est celui que les membres d'une classe productrice consacrent à travailler pour se procurer leur salaire, grâce auquel ils pourront acheter les biens et les services nécessaires à la reconstitution de leur force de travail (se nourrir, se reposer, se soigner) et au maintien de leur famille. Le surtravail est le temps qu'ils consacrent à produire des surplus de richesse qui seront appropriés et gérés par une classe gestionnaire : c'est un travail gratuit (non payé) qu'ils doivent fournir, parce qu'ils sont dépendants de cette classe gestionnaire pour l'une ou l'autre raison (ils n'ont pas de terre, pas d'outils, pas d'argent, pas de compétence, pas de réseaux commerciaux…).

Bibliographie sommaire

BAJOIT, Guy (2003) : *Le changement social. Analyse sociologique des sociétés occidentales contemporaines*, Paris, Armand Colin.

--- (2010) : *Pour une sociologie de combat*, Fribourg, Academic Press

--- (2013) : *L'individu, sujet de lui-même*, Paris, Armand Colin.

--- (2017) : *La Maison du sociologue. Vers une théorie sociologique générale*, Louvain-la-Neuve, Academia.

BAJOIT, Guy et FRANSSEN, Abraham (1995) : *Les jeunes dans la compétition culturelle*, Paris, Presses universitaires de France.

BAJOIT, Guy, DUTERME, Bernard et HOUTART, François (2009) : *Amérique Latine : à gauche toute ?*, Bruxelles, Couleur Livres.

BRÉCHON, Pierre (sous la dir. de) (2000), *Les Valeurs des Français. Évolutions de 1980 à 2000*, Paris, Armand Colin.

--- (2009), avec TCHERNIA, Jean-François (sous la dir. de) : *La France à travers ses valeurs*, Paris, Armand Colin.

BREGMAN, Rutger (2018) : *Utopies réalistes. Pour en finir avec la pauvreté*, Paris, Seuil.

CORAGGIO, José Luis et LAVILLE Jean-Louis (Ed.) (2016) : *Les gauches du XXIe siècle. Un dialogue Nord-Sud*, Lormont, Le Bord de l'Eau.

DIAMOND, Jared (2006), *Effondrement : comment les sociétés décident de leur disparition ou de leur survie*, Paris, Gallimard, « NRF ».

FURET, François (1995) : *Le passé d'une illusion : Essai sur l'idée du communisme au XXe siècle*, Paris, Robert Laffont.

GALLAND, Olivier (1991), *Sociologie de la jeunesse. L'entrée dans la vie*, Paris, Armand Colin.

JULLIARD, Jacques : *Les Gauches françaises. 1762-2012 : Histoire, politique et imaginaire*, Paris, Flammarion, 2012.

LAGASNERIE, Geoffroy de (2015) : *L'Art de la révolte. Snowden, Assange, Manning*, Paris, Fayard.

MAGNETTE, Paul (2015) : *La gauche ne meurt jamais*, Waterloo, Luc Pire.

MICHELS, Roberto (1971) : *Les Partis politiques,* trad. fr. (première édition allemande : 1911), Paris, Flammarion.

PETRELLA, Riccardo (1996) : *Le bien commun : éloge de la solidarité*, Genève, Labor, « Quartier libre ».

ROSANVALLON, Pierre (2018), *Notre histoire intellectuelle et politique*, Paris, Seuil.

SINGLY, François de (1993), *Sociologie de la famille contemporaine*, Paris, Nathan.

TAYLOR, Charles (1998) : *Les sources du moi*, Paris, Seuil.

TOURAINE, Alain (2018) : *Défense de la modernité*, Paris, Seuil.

Table des matières

www.ingramcontent.com/pod-product-compliance
Lightning Source LLC
LaVergne TN
LVHW010928051026
849532LV00003B/888